Governi Pubblici
Vs.
Governi Non Statali

La vera guerra che
attraversa il mondo

Paolo Dealberti

1. Edizione 2012
2. Edizione 2015

Verkauft durch JEWIR – Deutschland

ISBN-13: 978-1514734957

ISBN-10: 1514734958

Dello stesso autore per i tipi di Jewir

Romanzi

La Saga degli Speculari:

- Etnia Avatar
- Obiettivo: Fermare Obama

Di prossima pubblicazione de La Saga degli Speculari:

- Humanpolitics
- Grecia:debito 2.0
- Utopia Reale

Saggi:

In Italiano:

- Governi Pubblici Vs.Governi Non Statali. La vera guerra che attraversa il mondo

In Inglese:

- Legittimacy
- State Actors Vs. Not State Actors

Di prossima pubblicazione:

- Italia Responsabilita´1.0
- AK 47 :Noi Vs. Noi (vincere contro il terrorismo e perdere contro il terrore)

Zenprosumer , lifestyle 2.0

Tutti i romanzi ed i saggi di Paolo Dealberti sono catalogati presso la Bibiloteca del Senato degli Stati Uniti d´America

Potete seguirlo in
www.appealpower.com

Indice

3- Cose del mondo

(*) *Nota Editoriale: nell´Agosto 2012 la prestigiosissima rivista Foreign Affairs pubblicava un articolo di Kenneth N. Waltz, Professor of Political Science alla Columbia University,in cui emergeva come l´Iran non fosse la minaccia che solitamente viene descritta- "Why Iran should get the bomb.Nuclear balacning would mean stability" FA Vol 91/N.4 July/August 2012*

(**)*Nota Editoriale: in "Beyond great powers and hegemons. Why secondary states support ,follow or challenge" pubblicato dalla Stanford University nel 2012 ed edito da K.P. Williams,S.E. Lobble, N.G. Jesse viene data una descrizione della Diaspora Palestinese in Giordania che ricalca quanto nella classificazione "Privatized Functional Organization,(PFO)" descritta in appendice*

(***) *Nota editoriale :*

A metà 2012 le previsioni sulla congiuntura tedesca hanno confermato quanto scritto in merito al fatto cha Berlino non possa fare a meno della EU.La prestigiosissima rivista Foreign Affairs , edita dal Council of Foreign Relations, ha pubblicato nell´Ottobre 2012 un articolo del Professor Adam Tooze,(Co-director of International Security alla Yale University),che conferma nella sostanza quanto qui scritto un anno prima. L´articolo e´" Germany unsustainable growth" – FA Vol. 91/N.5 Sept-Oct 2012)

(****) (*****) (******) *Nota editoriale : nel Maggio 2012 la prestigiosissima Foreign Policy ha pubblicato il risultato di un survey con 76 dei massimi esponenti mondiali di strategia e geopolitica. Alla domanda su quale fosse il maggiore pericolo per gli USA nel 2012 il fondamentalismo cristiano e´risultato al 3. Posto)*

(*******)*Nota Editoriale: quanto scritto sul rischio per la democrazia in Israele da parte del fondamentalismo ultra-ortodosso ha trovato poi autorevoli conferme in diversi scritti apparsi dopo la pubblicazione*

 Sulla definizione dei coloni ebrei estremisti come terroristi da parte di Israele:

Daniel Byman ,Nata Sachs: „ The rise of settler terrorism" Foreign Affairs Vol. 91 N.5 Sept/Oct 2012.

Sul problema degli ultra-ortodossi Israeliani anche :

Andrew Abrams: "The Settlement Obsession"-Foreign Affairs Vol.90 N.4 July/August 2011

Ronald Krebs: " Israel´s bunker mentality" - Foreign Affairs Vol. 90 N. 6 Nov/Dec. 2011

Giovanni Querer : Israele: i delicati passi per evitare una guerra civile 19-12-2011 , Informazione Corretta

Karl Vick :"The battle for Jerusalem. How the holy city became the front line in the struggle over Israel´s

"Certe strade ,fra cui la Montgomery Street –la Regent Street di Londra , il Boulevards des Italiens di Parigi,la Broadway di New York –erano fiancheggiate da negozi splendidi che esibivano i prodotti del mondo intero. Quando Passerptout arrivo´all´International Hotel,ebbe l´impressione di non essersi mai allontanato dall´Inghilterra"

(Il Giro del Mondo in 80 Giorni , Jules Verne)

A mio padre da cui imparo sempre

Prefazione

"Un bel libro di storia vale più del report del più brillante think-tank del pianeta". E' la chiave di lettura del lavoro di analista politico ed economico svolto da Paolo Dealberti, la cui news letter è diventata un punto di riferimento autorevole e molto frequentato sul web.

Il limite dell'informazione on line, a differenza da quella su carta stampata, è di avere un orizzonte circoscritto al tempo reale, presentando i fatti decontestualizzati. La differenza qualitativa di Prosumerzen è di carattere metodologico: a partire da fatti specifici, dati per noti, ai lettori sono proposti commenti che inquadrano il particolare nel generale.

Nulla di nuovo sotto il sole: spesso, nell'evoluzione degli scenari internazionali, non si colgono gli elementi di continuità con il passato. Il valore aggiunto di queste pagine sta nel fatto che forniscono strumenti di interpretazione, o meglio ancora, di "navigazione", nello spazio che unisce l'attualità alla storia e al futuribile. *"Viaggeremo in questi luoghi"*- scrive Paolo Dealberti- *" parlando di statistiche ed eventi analizzati alla luce delle parole, delle leggende e delle poesie. Parleremo dei riti di passaggio delle forze che generano il potere ,(soft ed hard che sia), degli uomini che li compiono e del perché la loro umanità li spinga a questo"*.

La premessa metodologica è che *"sapere è diverso dal comprendere. Non è vero che l'informazione sia sinonimo di potere. Potere non è l'informazione, ma la comprensione. Non è cercare risposte (quelle si trovano sempre), ma il cercare le giuste domande"*.

Tra gli argomenti trattati, la globalizzazione. E' davvero una novità? O non ha precedenti? Paolo Dealberti ha ben presente gli studi –fondamentali- di Jacques Attali, sull'affermazione delle grandi potenze, dall'impero romano all'attuale competizione tra Stati Uniti e Cina, e sui cicli di ascesa e declino, sul piano politico, economico e militare, delle repubbliche marinare di Genova e Venezia, della Spagna, dell'Olanda, della Gran Bretagna, di New York, della California. Crolli quasi improvvisi e quasi sempre imprevisti da classi dirigenti miopi ed autoreferenziali.

E' sorprendente la capacità di Paolo Dealberti di proporre analisi basate su un sapere interdisciplinare, che sottopone alla verifica dei fatti molte interpretazioni emotive o semplicistiche dell'attualità. Prosumerzen è come un mouse che si fa scorrere a 360° per contestualizzare la lettura di un evento, individuare un trend, mettere in guardia dai luoghi comuni e dalle valutazioni a caldo. Se il generale De Gaulle avesse fatto riferimento a sondaggi di opinione, probabilmente il suo storico appello del giugno 1940 lo avrebbe letto da Berlino, non da Londra …

Tra le pagine più interessanti, quelle dedicate alla multipolarità e ai nuovi poteri: si è di fronte ad un mondo tridimensionale dove i principali protagonisti sono gli eredi degli ultimi imperi territoriali esistenti e creatisi nel corso dei secoli (USA, Russia e Cina). "Al top si ha la dimensione della sicurezza nell'accezione militare, in cui un solo player (gli USA) è global e non ha rivali. Nel middle la dimensione economica, che è multiplayers da almeno 40 anni. Al bottom quella della interdipendenza trans-nazionale dove si ha il fermento maggiore e dove la dimensione del soft power gioca un ruolo il più delle volte più importante di quello dell'hard power".

Altrettanto stimolanti le pagine dedicate ad Al Qaeda, su cui è opinione diffusa che abbia come missione l'affermazione dell'islamismo; Dealberti propone elementi convincenti per dimostrare che la missione reale

13

dell'organizzazione fondata da Bin Laden è la lotta contro gli USA, intesi come impero del male, e che la difesa dei musulmani non è al centro della sua strategia.

In tema di Europa, sono illuminanti le riflessioni sull'evoluzione delle posizioni della Cancelliera Tedesca Angela Merkel, inizialmente condizionata da un'opinione pubblica ostile agli immigrati e scettica sulle istituzioni comunitarie. Dati export alla mano, Dealberti dimostra come la Germania non possa permettersi la crisi dell'euro e come, sul piano militare, abbia un ruolo secondario, rispetto alla Francia, che ha stabilito uno stretto collegamento con la Gran Bretagna.

All'informalità e immediatezza del linguaggio fa riscontro un costante riferimento alle categorie della scienza politica, nella analisi della formazione e dei comportamenti delle élites; l'autore introduce nuove parole chiave: "politicracy" (politics-tecnocracy) e "technopolitics" (technocracy-politics), proponendo una distinzione tra legittimazione elettorale e legittimazione politica, nella analisi, poi confermata dai fatti, della situazione italiana e delle prospettive del governo Monti.

In conclusione, è possibile avere diverso parere su questo o quel commento, questa o quella analisi di Paolo Dealberti, ma gli si deve riconoscere il merito di recare un contributo di creatività e di rigore alla lettura del cambiamento, senza dissimulare le sue affinità culturali, in primis con Israele.

Egli ha mantenuto uno stretto e costante legame con la sua piccola città italiana, Cuneo, da cui proviene, ed alla vita politica ed economica della comunità; ciò gli consente di conferire alla newsletter il valore aggiunto di un'effettiva valenza "glocal".

"I libri non basta leggerli, occorre capirli", disse un giorno Ugo La Malfa, statista e leader della sinistra democratica italiana nella seconda metà del '900, replicando ad uno sprovveduto avversario politico di scarsa cultura. Paolo Dealberti è qualcuno che i libri li legge e li capisce.

Carlo Benigni

Presidente della Federazione Associazioni Italia-Israele

Gli articoli sono stati pubblicati in Prosumerzen, www.prosumerzen.net, ed in Westphalia XXI, www.westphaliaxxi.com, tra il 2001 ed il 2012

Oggi potete seguire Paolo Dealberti in:

www.appealpower.com

Appealpower ha preso il posto di Prousmerzn

1-Due parole sulla globalizzazione

Humpolitics ,(il nostro approccio alla geo-politica ed alla geo-finanza)

Pubblicato: January 8,2011

Il Bilan Geostrategique 2010 edito da Le Monde / International Institute of Strategic Studies inizia dicendo che ogni epoca ha la sua teoria che spiega tutto e poi ci sono le mode geopolitiche del momento. Sembra che viviamo in un mondo dove le mode diventano teorie. Circa ogni due anni il mondo sembra affrontare la crisi finale ,(od almeno una mai così grave), e tutto si rimescola. Sembra … . Se si considera il breve lasso di tempo tra il 1987 ed il 2010 abbiamo avuto **19 crisi epocali**,(ovvero sarebbe come dire **in media una ogni 22 settimane** ed ovviamente ogni crisi aveva ed ha la sua teoria ed un mondo nuovo e definitivo da descrivere). Facciamo un breve riassunto :

1987 crisi delle borse in ottobre
1990 implosione del Giappone
1994/5 crisi del debito Messicano
1997 crisi finanziaria Asiatica
1998 crisi del debito Russo
1998 collasso dell´hedge fund TLCM
1999 crisi del debito Brasiliano
1999 Guerra della NATO contro la Yugoslavia che sancisce l´intervento armato umanitario come limitante la sovranità di una Nazione
1999 Millenium Bug …
2000 crash borsistico del Web 1.0
2001 …9/11
2001 crisi del debito della Turchia e dell´Argentina
2001 guerra in Afganistan

2003 guerra in Irak
2003 estate torridissima con incendi ,centinaia di morti per
il caldo ed esplosione mediatica sulla fine del mondo per
cause ambientali
2006 Pandemia 1
2008 9/15 e crisi finanziaria USA
2009 Pandemia 2
2009 crisi finanziaria
2010 la Cina ha il suo primo deficit commerciale e si inizia
a parlare di un mondo post – Cina … per inciso senza che
si sia mai creato quello" China controlled"

**Se ogni 22 settimane il mondo si riscrive qualcosa non
funziona**. Forse si e´perso il senso dell´equilibrio. Nel
volume monografico dedicato ad una delle migliori riviste
bancarie Italiane, (Rassegna), la soluzione e´nelle parole
di Carlo Benigni " … consapevole che e´meglio anticipare
che subire il cambiamento … nel senso dell´equilibrio tra le
tematiche di carattere generale e quelle collegate al
territorio … con lo sguardo rivolto ad un orizzonte
internazionale ispirata ad un localismo aperto e dinamico".
Una mente brillante come quella di Carlo Benigni lo
pensava a Cuneo nel 1978. E´facile dire e pensare queste
cose se si è a New York od a Tokyo ma pensarle allora e
nella sperduta provincia Italiana ha un senso e per certi
versi e´anche più profondo.
Il senso di un equilibrio come la chiave per il tutto.
In questa sezione di Prosumerzen parleremo di questo,
ovvero di **HUMPOLITICS**.

Una parola da noi inventata ,(HUMan–geoPOLITICS), per
descrivere una dimensione che contiene geopolitica ed
umanità . Che opera sui tempi medi e lunghi come li ha
descritti Fernand Braudel. Andando a sentire l´odore
dell´umanità´nelle strade per evitare di fare un vaggio " in
una specie di vuoto pneumatico privato" ,come scriveva
Lattimore nel 1925 mentre scopriva la frontiera interna
della Cina. Le frontiere ,i limes ,le faglie dove sono
localizzate le bordelands in cui la geo-politica si sviluppa

hanno una origine che e´prima sociale e poi geografica. Incidono più i mutamenti fatti dall´uomo che le costrizioni di montagne e fiumi. Mutazioni che si concretizzano nelle città,ovvero –da sempre- il mondo virtuale per eccellenza in cui costruiamo un reale di simboli,tempi e luoghi che chiamiamo società. E le città sono collegate tra di loro non da intinerari ma da direzioni di marcia che spaziano in una griglia dinamica dove ogni luogo ha una sua gerarchia. E queste direzioni oltrepassano le frontiere grazie all´umanità´e da qui hum-politics. Qui ,come detto, si ha l´intersezione tra la geografia e la politica e qui ,più che in altri luoghi, la vita e´determinata da dove si vive. Strato dopo strato le emozioni si sovrappongono e divengono storia . E cosi ´può´accadere che, nel XXI, dove si parla ancora della divisione etnica di un territorio nel XII allo stesso tempo si pensi al futuro e come soluzione a quella divisione l´entrata nella EU. In quei luoghi non e´la persistenza delle nazioni o degli imperi che conta ma quella delle forme politiche in cui gli uomini che vi abitano danno concretezza a ciò che credono mediante ciò che sanno. Le leggende di un popolo valgono più delle statistiche della World Bank ed un buon libro di storia su di esso di più del report del più brillante think tank del pianeta. Questo perché leggende, poesie ,storia parlano degli strati che si sono sovrapposti nella coscienza collettiva comune creata dagli eventi mentre il report di un think tank deve dire qualcosa che , alla fine, non dispiaccia troppo a chi lo ha finanziato.

Viaggeremo in questi luoghi parlando di statistiche ed eventi analizzati alla luce delle parole ,delle leggende e delle poesie dato che la realtà oggettiva non e mai ciò che si sa ma ciò che si crede.

Sempre la dimensione umana.

La geopolitica parla di come il passato si ripresenti sotto nuove forme in un presente dai futuri molteplici. Ovvero di come il credo di quei popoli , (tra cui noi), assuma le forme che scegliamo tra le possibili data la nostra conoscenza. Parleremo quindi dei riti di passaggio delle forze che generano il potere, (soft ed hard che sia). Degli uomini che li compiono e del perché la loro umanità li spinga a questo.

Spazio, tempo, emozione ... globalizzazione incominciando da una sedia

Pubblicato: September 8, 2011

"la sedia e´uno dei più sofisticati oggetti dell´abitare,ma e´anche uno dei più arcaici e primitivi. Ha a che vedere col potere ma anche con la comodità.Cambia e muta nel tempo : c´e´una relazione tra come ci si siede e come e´progettato lo spazio. ... c´è un filo che unisce design ,arte ed architettura ed ognuno influenza l´altro in una contaminazione" (Pedro Campos Costa)

Lo spazio così definito diviene habitus di convivialità generante un humus di socializzazione. E´come pensare ad un pietra non finita la cui tensione esprima musica ed in cui il vuoto e´accentuato dal materiale che lo circonda. Pertanto non è importante la forma ma lo spazio che noi creiamo in quanto non e´l´oggetto in se che cambia un luogo ma le dimensioni spaziali che il nostro intervento determina. La funzione e la struttura sono determinanti per la creazione dello spazio. Una creazione che riguarda il senso di trasparenza,la relazione tra elementi naturali ed artificiali oltreché virtuali nel loro essere planari o lineari ed in cui la materialità. La sua forma,diviene *passpartout* attraverso il tempo mediante cui la semantica simbolica si trasla per essere compresa nel futuro. Materialità che ci circonda nei punti di massima fusione,ovvero quando e´arte o design.

Arte e design.

Due mondi artificialmente distinti dove l´utile che è bello diviene design mentre "l´inutile", (e qui il virgolettato e ´VOLUTAMENTE provocatorio),che si accetta diviene arte.

23

Il tutto,almeno,basandosi su un errato assioma che dice che l´arte non serve a nulla mentre il design deve essere utile. Un assioma che se dimenticato ci dice che la forma delle metropoli è data non dagli stili architettonici ma dai flussi di prodotti , (culturali e non),portatori di stili di vita.

Se il design in questa fase del secolare processo della globalizzazione e´il protagonista assoluto della civiltà oggettuale e´da chiedersi , (con una valenza geo-politica),a quale repertorio iconografico si riferisca nel suo lavoro di sostituzione nel mondo attuale con quello possibile dello "stile di vita". Questo in quanto lo stile di vita e´il dominio della civiltà oggettuale mentre quello della civiltà soggetuale e´quello della nostra tradizione di appartenenza ,(= cultura = humus iconografico dell´arte).In un certo senso la **SOCIETA`SOGGETTUALE** ha il sapore delle cose consumate dal tempo mentre la **SOCIETA`OGGETTUALE** quello degli oggetti tirati a lucido ed i due sapori si fondono e fecondano reciprocamente come sfondo sensoriale ed emozionale comune,(indipendentemente che poi sia o meno accettato), del nostro essere evolutivo in questo tempo.

Dall´Encyclopedia Britannica a Wikipedia

Pubblicato : January 15, 2011

A..a …..A … come Autodidatta.

Forse e´questo il punto.

Se un simbolo può rappresentare la rivoluzione concettuale dell´Illuminismo questo e´l´enciclopedia. Il libro stampato permetteva,(e permette), che il sapere divenisse nucleare nel senso che diventasse personale senza bisogno di intermediari.

La Bibbia e la Riforma … .

Secoli dopo la radio la cui valenza fu compresa da Mussolini, Goebbels, Roosevelt … e dalla BBC.

Poco più di tre decenni dopo la TV come comprese Kennedy e non comprese Nixon giocandosi , si dice, l´elezione in un famoso confronto televisivo che perse.

Un paio di decenni dopo l´Imam Komehini comprese la valenza dalla musicassetta che si trasformò in uno strumento di propaganda con cui la sua voce da Parigi raggiungeva le case in Iran.

Poi internet … nato nel 1968. Ed oggi ancora la radio dove manca internet,(ancora più della TV in grado di rivaleggiare con internet).

Se l´enciclopedia per secoli fu il simbolo di un sapere fruibile,nucleare, soggettivo nel senso che e´possibile per ognuno accedervi quando vuole ed oggettivo nelle sue fonti allora si capisce la vera valenza di Wikipedia. Siamo passati da un mondo di "Britannica-cultura" e "Britannicasaggezza", (intendendo qui con Britannica l'omonima enciclopedia , ovvero l'enciclopedia per eccellenza), ad uno Wikipedia-based.

E la valenza straordinaria e'il suo essere ... come dire ... AUTODIDATTA.

Wikipedia ha infatti scardinato la barriera costituita dal fatto che l'enciclopedia fosse scritta da qualcuno che si arrogava questo diritto al sapere come indiscutibile. Sapere comunque che e'diverso dal comprendere non e',infatti, vero che l'informazione sia sinonimo di potere. Potere non è l'informazione ma la comprensione. Il non cercare risposte,quelle si trovano sempre, ma il cercare le giuste domande. In Wikipedia un numero sterminato di "autodidatti" ha creato un condensato di sapere universale unico in quanto vitale. Vitale perché risponde ala domanda di sapere che ognuno soddisfa aggiungendo un'informazione che altro non è che la risposta alla sua domanda personale.

Happy birthday Wikipedia !:) Alla prossima evoluzione ...

Il mondo non e´solo glocal ma anche locglob. Un esempio di sustainable town in Italia: Cuneo

Pubblicato: MAY 3, 2012

Viviamo in tempi in cui una turbolenza più immaginata,a causa dell´incompetenza di troppi livelli di leadership ,che reale ci fa dimenticare che le rivoluzioni hanno sempre effetto retroattivo e quindi ogni evento deve essere inquadrato non solo nel quotidiano ma anche nel medio e lungo periodo. Un insegnamento prezioso che ha trovato la sua massima espressione intellettuale in Braudel e di cui cercheremo di tener conto .Nelle scorse settimane ero in ferie in una città del nord – ovest Italiano che può essere tranquillamente classificata come sustainable town.

Ovvero quelle towns che sono sempre più i gangli vitali di snodo che si affiancano alle world towns nella gerarchie dei flussi di idee e persone che rende il mondo un network. La virtualità ha un suo limite e questo limite incontra il real nelle città.

Le città assumono varie forme in cui si stratifica la storia scritta dai cittadini pensando un futuro che troppo spesso si perde nel presente. Accade così che ,se da un lato, l´evoluzione della trasformazione dell´ordine mondiale basato sugli State Actors,(ovvero gli Stati nati dopo la pace di Westphalia nel XVI), porterà le città ad avere un ruolo in Westphalia XXI che farà ricordare una lega di città stato,(I),dall´altro queste città leaders potranno esistere solo se integrate con sustanable towns,(II).Iniziamo quindi coi tempi lunghi e partiamo dal 1962 attuando una veloce carrellata delle idee che hanno rivoluzionato il mondo,(III),inteso come :

> ➢ Il luogo del villaggio globale ,1962, (IV)

- Il luogo dove nuove minoranze influenti sono le nuove elite strategiche della società moderna e si posizionano oltre le classi dominanti,1963 ,(V)
- Il luogo che affronterà lo shock del futuro,1970,VI)
- Il luogo dell'ordine Post Guerra Fredda ,1972,(VII)
- Il luogo dove non basta più un indice come il "prodotto interno " per misurare il benessere ma dove si deve usare un " Indice della Felicita", 1972, (VIII)
- Il luogo dove una superpotenza sovra-impegnata, gli USA, collassa, 1987,(IX)
- Il luogo della fine della storia ,1989,(X)
- il luogo dove chi controlla il soft power ha le chiavi del potere,1990,(XI)
- il luogo dove una tecnocrazia ha le chiavi della nuova società e del
- nuovo capitalismo , 1992,(XII)
- il luogo dove le civiltà si scontrano ,1993,(XIII)
- il luogo della società post-capitalista ,1994,(XIV)
- il luogo della fine dello stato nazione ,1995,(XV)
- il luogo della scontro tra modelli di globalizzazione ,2002,(XVI)
- il luogo dove l'iper-impero si scontrera'con l'iper-democrazia all'interno dell'evoluzione della globalizzazione iniziata nelle Fiandre nel XIII,2006 (XVII)
- il luogo dello scontro delle emozioni ,2007,(XVIII)
- il luogo dove il Jihad ha perso e non ha nessuna chance di guidare il mondo mentre stanno sviluppandosi modelli alternativi di potenze autoritarie come la Cina o la Russia , 2007, (XIX)
- il luogo dell'ordine "a-polare",2008,(XX)
- il luogo della " 2a Modernità" ,2009,(XXI)
- il luogo dove l'Occidente comanda..almeno per il momento 2010,(XXII)
- il luogo del Post-Washington Consensus e dove la soluzione al disordine sembrano essere gli Stati ,2011,(XXIII)

Il luogo delle … idee insomma.

E non e´quindi un caso che sulla forze delle idee si concentri Foreign Affairs per celebrare il suo 90. Anniversario auspicando una riconciliazione tra capitalismo e Democrazia,(XXIV).

E se il mondo è il luogo delle idee vediamo quali idee stanno scuotendo l´Europa,(ovvero il tempo del presente):

- In Francia due candidati si sono affrontati il 2 maggio in un dibattito dove e´mancato il solo ed unico protagonista delle crisi di questi giorni : l´economia finanziaria reale nella sua ultima evoluzione dal XV ed il suo impatto nel mondo. E quindi il dibattito si è svolto intorno ad un nulla per la prudenza di evitare di parlare di problemi forti e nuovi poteri

- In Germania si alza la voce con l´Ucraina ma leggendo il nome di quella nazione si dovrebbe leggere Commerzbank. In realtà Berlino cerca ora un nuovo asse di potere e lo fa alzando la voce in Kiev perché le sue banche devono dismettere investimenti,(bancari e non),in Russia od avremo dei rischi di default simili a quelli che avevano con la Grecia ... ma questa volta Mosca non sarà così docile nel pagare il conto come e´stata la EU.

- In Italia un team di super tecnici guidato da un tecnico di caratura world class ha assaporato il gusto di restare al potere ed ha nominato un altro tecnico che sia il parafulmine degli strali sociali e dei gruppi di potere nel fare una spending review. In questo modo i tecnici possono ricandidarsi sacrificando il "tecnico-parafulmine".

Ma il mondo e´il luogo delle idee che divengono azioni. Da troppo tempo pensiamo solo in termini di global e della sua applicazione sul locale ,ovvero il glocal ,(global + local).Semplificando un mondo top-down dove il global guida il local. Così facendo non ci siamo accorti che lo scenario e´più´complesso e che non solo sfide ma anche modelli arrivano dal …local.

In Prosumerzen operiamo anche con una visione **LOCGLOB** , (local + global), ovvero down-top dove dal basso arrivano modelli per l´alto. E la crisi delle entità mediane , gli Stati Nazioni, deriva da una duplice spinta che da un lato li vede troppo piccoli per gestire problemi globali e dall´altro troppo lontani per capire come gestire quelli locali. Urban villages, sustainable towns sono la risposta soft e vincente che si sta organizzando per rispondere a questa domanda down-top.

Una domanda a misura d´uomo e per questo sostenibile e, quindi. che va oltre l´economia, (industriale,commerciale, finanziaria che sia), integrandola in un "indice di felicita" che si concretizza in azioni e progetti.

Azioni che riqualificano e rispettano il territorio per pensarne spazi e modalità di fruizione nei diversi contesti con a centro l´uomo sinergico al suo ambiente e, rafforzato da questo radicamento nella sua tradizione, aperto al mondo … ovvero un essere globale.

Purtroppo troppo spesso finiamo col credere che il progresso sia sinonimo di crescita mentre in realtà il solo ed unico progresso e´sinonimo di equilibrio.

Di sostenibilità!

E qui il legame che mi ha guidato mentre rivedevo le vie di questa città,mentre la attraversavo una sera in una fiaccolata per la Resistenza.

Coincidenza ha voluto che tornassi in questa sustainable town nel periodo elettorale più caldo e questo mi ha consentito di cogliere le vibrazioni di una town che vuole essere sustainable radicandosi nel soft power della sua ricchezza più vera : la cultura ,(passata e presente),dei suoi cittadini ed il rispetto dell´ambiente.

Un candidato sindaco, Gigi Garelli, mi ha parlato di un suo progetto per un rete ciclabile che collegando il territorio sia volano di turismo.

Soft industry...la chiamerebbero così in alcuni articoli di prestigiosissime riviste Londinesi che sono i trendmakers in questo processo evolutivo. Possiamo descriverlo come un esempio di civiltà.

Ho apprezzato il coraggio umano di un altro candidato che come ipo-vedente affronta le discriminazioni che ne conseguono, Federico Borgona. Un altro esempio di civiltà

Mi sono ritrovato in un elegante albergo,che con il suo essere e´una prova di recupero sostenibile di un centro storico, ad assistere ad un incontro elettorale. Presente una qualificata rappresentanza di una società civile che mi sono scoperto pensare come perdesse le sue origini nel medioevo, Allora le chiamavano le gilde delle professioni liberali. Di strada ne e´passata ma ho colto il senso dello stesso amore collettivo per un luogo che altro non e´che la propria città. Qui un candidato ha parlato di competenza e di moderazione intesa come sostenibilità di sviluppo consapevole. Parole sostenute dal fatto di aver portato investimenti ed occupazione per una realtà leader a livello nazionale in Cuneo.

Ed altro ancora da questo esempio di locglob.

Il sentire che la città è il luogo dove le singolarità si aggregano, si compongono generando una cittadinanza che possiamo definire attiva nel senso di essere conscia dei propri diritti come dei propri doveri.

Quindi in equilibrio per la sostenibilità di risorse come la cultura ,la salute, il welfare, il suolo che sono e devono restare ad accesso universale . Ma che lo possono essere solo se se ne fa un uso moderato ,ovvero consapevole.

Una coesione per dirla in una parola.

Abitando in quella che e´definita la migliore città al mondo per qualità di vita , München ,mi sono ritrovato a casa nel cogliere questa partecipazione che va oltre l´impegno politico del momento elettorale.

Questa consapevolezza di essere collettività che solo nella moderazione di un uso responsabile puo´andare oltre il limite della crisi contingente.

Da qui poi il plasmare i luoghi per questo life style con realtà che potrebbero chiamarsi casa della cultura, incubatori per imprenditoria giovanile ,soft industry sviluppante la sinergia turismo-gastronomia ed altro ancora in un cocktail di energie capace di metabolizzare le tecnologie e le espressioni del pensiero del XXI con tradizioni di umanità che si perdono nei secoli.

Ed altro ... ed in questo altro Cuneo offre, come esempio, anche spunti di riflessione per altre tematiche, dimensioni.

Dal 1990 una legge ha creato una nuova struttura di potere in Italia : le Fondazioni bancarie.

Per chi come Prosumerzen si occupa dei trend delle relazioni tra gli Stati Nazione e le nuove dimensioni di potere rispetto al bene comune l´occasione di vedere questo dipanarsi in una dimensione local era ed e´imperdibile.

Per la comprensione un aiuto indispensabile viene da un libro di recentissima pubblicazione scritto da Carlo Benigni,(XXV).

Le 88 fondazioni bancarie Italiane sono molto di più che enti di diritto privato che gestiscono patrimoni che appartengono alla collettività.

Lo sono molto di più per due ordini di motivi :

- Il primo e´ che il fatto che gestiscano i patrimoni collettivi di un territorio li rende automaticamente soggetti che nella economia reale finanziaria esprimono un orientamento etico e ,nel farlo, contribuiscono a definire il frame di una finanza etica

- Il secondo e´che ,alla luce della crisi, sono de facto i veri centri del potere locale in quanto il solo soggetto che abbia le risorse per investire nel sociale a 360 gradi svincolato da valutazioni di profitto economico-finanziario e concentrato in valutazioni di profitto in termini di accresciuto benessere ,(vien voglia di scrivere felicità),sociale.

Nel pratico queste 88 realtà sono il vero centro di potere di trasversalità troppo spesso auto-refenzianti che tengono sotto controllo soggetti che vanno dai comuni alle espressioni della società civile come il volontariato.

Il denaro che manovrano riempie il vacuum di una impossibilità di spesa non solo pubblica ma anche privata e da qui il loro potere che si basa sul semplice fatto di poter scegliere quale progetto,(e quale fortuna politica),appoggiare o meno.

Riprendendo le definizioni di esperti di dinamiche reali di vero potere come Ulrich Breck possiamo definirle come

NSA,(non state actors),cosi profondamente radicati nella realtà Italiana che qualsiasi soggetto non può fare a meno di loro.

Viene in mente la definizione di Machiavelli e traslandola nel XXI possiamo dire che sono il potere che può influenzare l'azione di ogni altro potere a livello locale.

Entità quindi che richiedono un commitment etico che non lasci dubbi.

Cuneo si ritrova ad essere esempio delle reali dinamiche di potere delle Fondazioni per un evento che coinvolge i massimi livelli sia della Fondazione che di parte dell'establishment locale. Un coinvolgimento trasversale, (bipartisan sarebbe meglio dire), che finisce con l'incidere su un gruppo bancario di caratura nazionale come pure sullo sviluppo di una regione come il Piemonte.

Troppo forte la tentazione di codificare il tutto usando lo "slang" della geopolitica quando studia queste relazioni e lo si evita ma questo non cambia la realtà.

Cuneo e´anche sotto questo aspetto un esempio delle tensioni che attraversano l'Italia,ma non solo se pensiamo che la banca del Land della Baviera ha accumulato negli ultimi tre anni un deficit di dieci miliardi di euro e nessuno sa il perché … anche se corre voce che un po´troppo di quel denaro sia stato "regalato" ad amministratori locali in funzione elettorale .

Down-top. che incide sul top-down quando si parla di ramificazioni che arrivano nel cuore del sistema bancario del sesto mercato mondiale della Germania e del secondo della Francia, ovvero l'Italia ,(XXVI).

Una dinamica di equilibri di potere che,quindi, va ben oltre i territori delle 88 fondazioni e che non sfugge ai più attenti analisti internazionali delle relazioni tra gli Stati Nazioni ed i poteri reali globali e locali. Ma alla fine la chiave di tutto in un mondo dominato dalle idee è che sia l´etica della trasparenza e del rispetto che,al di là delle leggi scritte,guidi la sostenibilità .Queste elezioni sono un esempio da seguire per cogliere il senso della moderazione intesa come competenza nell´uso a dimensione umana delle risorse.

Note

(I)   UN World Scenario 2035-2050 , UN University 2007 ,New York

(II)   OECD Territorial Reviews , Competitive Cities in the Global Economy, OECD Publishing Paris 2006

(III)   (edited by) Paolo Dealberti , " The rating agencies and the end of the soft power of the State Actors" , Vol 1 /III, Prosumerzen , classified report da pubblicarsi a giugno 2012

(IV)   Marshall McLuhan." books The Gutenberg Galaxy: The Making of Typographic Man", 1962

(V)   Suzanne Keller ,"Beyond the ruling class .Strategic Elites in modern society", Transaction Publishers 1963

(VI)   Alvin Toffler ,"Future Shock" , Bantam Book 1970

(VII)   Stanley Hoffmann ,"Weighing the Balance of Power" , Foreign Affairs June 1972

(VIII)   Il "gross national happiness", (indice della felicita´nazionale),fu pensato e strutturato per la prima volta al mondo nel 1972 in Buthan su mandato del re Jigme Singye Wangchuck che ne fece il documento portante per aprire il suo paese alla modernizzazione. La compilazione fu a cura di un team guidato dall´economista Prof. Karma Ura. Nel tempo si svilupparono altri indici che non sono altro che un adattamento di questo a realta´e dimensioni locali.

(IX)   Paul Kennedy , "The Rise and Fall of the Great Powers" ,1987

(X)   Francis Fukuyama ,"The End of History and the Last Man ", The National interest 1989

(XI)   Joseph S. Nye, "Soft Power: The Means to Success in World Politics", Carnegie Council Books 1990

(XII)   H. Kellner-F.W.Hueberger with a foreword by P. L. Berger, " Hidden Technocrats The New Class and New Capitalism", Transactions Publishers 1992

(XIII)   Samuel P. Huntington, "The Clash of civilizations?", Foreign Affairs 1993

(XIV)   Peter F. Drucker ,"Post Capitalist Society" Harper Business 1994

(XV)   Kenichi Ohmae , The End of the Nation-State: the Rise of Regional Economies, Simon and Schuster Inc., 1995

(XVI)   Stanley Hoffmann, " Clash of Globalizations" , Foreign Affairs July/August 2002

(XVII)   Jacque Attali ,Une breve histoire de l´avenir" , Librairie Artheme Fayand 2006

(XVIII)   Dominique Moisi , "The clash of emotions", Foreign Affairs January/February 2007

(XIX)   Azar Gst   , The Return of Authoritarian Great Powers ,July/August 2007

(XX)   Richard N,. Haas , „ The age of non polarity" ,Foreign Affairs May/June 2008

(XXI)   Ulrich Beck ,"Macht und GegenMacht im Globalen Zeitalter, Suhrkamp 2009

(XXII)   Ian Morris, „ The west rules-for now. The patterns of history, and what they reveal about the future", Farrar Straus & Giraux 201o

(XXIII)   Nancy Birdsall ,Francis Fukuyama The Post Washington Consensus , Foreign Affairs March/April 2011

(

XXIV)   Gideon Rose,   „Making Modernity Work. The Reconciliation of Capitalism and Democracy",

(XXV)   Carlo Benigni , " Le mani sulla banca. Il caso Fondazione Cassa di Risparmio di Cuneo", Donzelli Editore 2012

(XXVI)   Secondo dati ufficiali   Tedeschi l´Italia importava nel 2010   Made in Germany piu´della Cina ,(7.mercato mondiale), per non parlare degli altri BRICS : Russia,India,S. Africa. Secondo dati ufficiali Francesi e´il 2. mercato mondiale precedendo nazioni come gli USA o la Cina.Nel 2011 e´il 6. Mercato al mondo.

2-I nuovi poteri forti globali che poi così nuovi **non sono**

Multinazionali come Not State Actors

Pubblicato : April 20, 2011

Immaginiamo una multinazionale che goda dei seguenti privilegi :

- abbia il monopolio dei mercati nei paesi dove ha delle sedi

- controlli i porti da dove arrivano e partono le merci nel proprio paese di origine

- ogni carico generi allo sbarco una tassa per il suo Governo che poi non ha altro diritto fiscale sul profitto

- i manager abbiano la stessa autorità degli ufficiali delle forze armate del proprio paese

- chi lavori sulle sue navi e´esente dal servizio militare

- abbia diritto di auto-difesa,(nel senso più ampio del termine), e ne risponde solo al proprio governo e non a quello del paese dove opera militarmente

- abbia il diritto di mantenere segreti i bilanci come pure i nomi degli azionisti

No…non stiamo parlando di nessuna multinazionale del XXI che così dipinta e´l´incubo dei no-global o di chi crede alle teorie dei complotti globalizzanti-pluto-democratici degli " gnomi di Ginevra + CIA + Mossad + SPECTRA & Banda Bassotti " di turno.

Immaginiamo anche che dei pirati basati in Madagascar offrano al capo di stato di un paese Europeo armi,know-how ed una somma immensa per creare una re-location con una base in questo paese Europeo e creare una multinazionale con gli stessi privilegi sopra descritti e che sia da considerarsi come un´azienda "campione nazionale"

Anche in questo caso non siamo nel XXI ma anche in questo caso siamo di fronte a No State Actors, (NSA).

In merito alla lista di privilegi sopra elencati erano lo standard di tutte le "Compagnie delle Indie" che dal XVII al XIX hanno dominato la vita economica di Francia, UK, Svezia, Danimarca,Olanda,Russia,Canada,USA … .

Ed in merito ai pirati si tratta dei pirati del Madgascar che nel 1715 offrirono i loro servigi al re Svedese Carlo XII per creare la Svenska Ostindiska Compniet ovvero la Compagnia delle Indie Orientali di Svezia in cambio della possibilità di basarsi in quel paese per le loro attività piratesche e corsare. Solo la morte del sovrano fece naufragare il progetto un'interessante commistione tra uno stato ed una struttura international organized crime per creare un NSA.

Sembra che non vi sia nulla di nuovo sotto il sole e che ,purtroppo, ci si dimentichi di 2 secoli di storia quando oggi si parla di NSA , sub national entities e via dicendo.

Nel periodo XVII –XIX si crearono le seguenti multinazionali :

- East India Company,UK, 31-12-1600 e cessa con atto del Governo il 1-11-1874

- Veernigde Ost Indiche, (Compagnie Indie Orientali),Olanda , 1602-1800

- La Compagnie Française des indes Orientales ,Francia; 14/1/1731-1813

- Svenska Ostindiska Coamaniet,(Compagnie Indie Orientali),Svezia,lidea fu di un Olandese nel 1629 ,(Willem Viseiner), ma si creo solo nel 1718

- La Compagnia Danese delle Indie Orientali , 1630

- La Compagnia Olandese dele Indie Occidentali,3/6/1621-1791quando il Governo si riprese la giurisdizione sui territori

- La Compagnia Francese dele Indie Occidentali,1635,(con una flotta di 45 navi armate),fallita nel 1674

- A loro possiamo aggiungere sia le compagnie Canadesi e Russe che avevano il monopolio della caccia in America settentrionale come pure le ferroviarie negli USA nel XIX

Dal XVII al XIX queste multinazionali ebbero un potere politico,economico e militare oltre che una totale libertà di azione che non trova eguali nel XXI.

De facto dominarono il mondo in questi due secoli insieme ai loro governi o ,per essere più diretti,erano il solo potere alternativo a quei governi.

Erano i NSA di allora .

NSA che operavano con e/o contro le strutture international organized crime di allora,(pirati e contrabbandieri), che agivano in "failed states" e che operavano quella che oggi si descrive come corporate insurgency /counterinsurgency.

Disponevano di marine ed eserciti privati,(oggi li si chiama private securtiy forces),come pure di una loro intelligence.

Influivano sulla politica sia dei paesi ospitanti che di quelli di origine, (ovviamente con mezzi diversi).

Operavano in sintonia con banche di affari con un potere di condizionamento finanziario reale che nessuno dei SWF contemporanei ha ancora conseguito.

Avevano una loro politica estera che non sempre era in sintonia con quella dei propri governi. A questo proposito non dimentichiamoci che la "guerra dell'oppio" fu una guerra della East Indian Company ed illuminanti sono le parole dello storico Ian Morris parlando nel suo ultimo bestseller internazionale del rimborso che Londra pago´alla Compagnia per i danni di una guerra che aveva voluto lei :

" *Non fu il momento più nobile dell'Impero. Le analogie con i tempi contemporanei non sono mai precise ma sarebbe come a dire che a fronte di un´azione della DEA, (mia nota: anti droga USA), il cartello di Tijuana ,(mia nota: nell´analogia e´la East India Company),domandasse al governo Messicano di invadere San Diego per ottenere un rimborso dalla Casa Bianca per le perdite dovute alla confisca di droga nelle strade piùgli interessi , i costi di spedizione e le spese militari sostenute . Inoltre immaginiamo che una flotta Messicana conquisti l´isola di Catalina, (mia nota :il riferimento qui e´in analogia con la conquista di Hong Kong),come base per future operazioni e minacci di assediare Washington fino a quando il Congresso non conceda al cartello di Tijuana il monopolio per il commercio in Los Angeles,Chicago e New York*"

(traduzione dalla versione inglese di Ian Morris ,"Why the west rules for now. The patterns of history, and what they reveal about the future", pag 7 – Farrar, Straus & Giroux /New York 2010)

Parole illuminati di uno dei massimi storici contemporanei che descrivono una situazione in cui abbiamo stati negli stati quando si parla di economia e di politica estera.

Nessuna multinazionale ha nel XXI un potere simile . La storia di queste Compagnie può essere interessante alla luce dei NSA moderni.

Oggi si parla troppo di Globalizzazione dimenticandoci che e´iniziata non due generazioni fa o con Internet ma nella Fiandre nel Medioevo.

Almeno la Globalizzazione moderna se si pensa che Roma commerciasse con la Cina e che nel IV secolo AC la dogana di Roma registrava piante provenienti dall´Australia ... . O ci siamo dimenticati le ineguagliate pagine di Fernand Braudel e quelle di uno dei suoi migliori discepoli ,(Kirti N. Chaudhuri),sull´Asia prima dei Portoghesi ?(I)

Portare le cose nel loro contesto aiuta e la globalizzazione e´iniziata da ... millenni.

Queste Compagnie erano de facto e de jure nazioni nelle nazioni con un potere che nessuna multinazionale contemporanea ha,eppure sono tutte finite e gli stati sono rimasti al loro posto.

Finirono perché non resistettero alla concorrenza, (la Compagnia Francese Indie occidentali che perse a fronte della Olandese).

Finirono ,però soprattuto perché i governi,(gli state actors),ad un certo punto si riappropriarono della loro capacitàoperativa. Dal Government of India Act 1858 con cui Londra pose fine alla East India Company alle leggi anti-trust di fine XIX con cui Washington pose fine ai baronati economici.

Se pensiamo che questo sia (ormai) impossibile ai giorni nostri e´bene ricordarci cosa accadde ad un monopolista come la ATT.

O cosa sta accadendo da venti anni nel mondo petrolifero.

Le " 7 sorelle" sono un ricordo. Oggi il 75% dell'industria petrolifera e delle riserve sono in mano ad aziende nazionali e questo in venti anni, (illuminante leggere Ian Bremmer,2009).

Ed un profondo rimescolamento dei poteri reali nel mondo finanziario sta accadendo con i SWF che sono entità statali.

Historia magistra vitae ..si dice... Se iniziassimo a leggerla forse potremmo leggere anche il nostro futuro.

Nel prossimo articolo parleremo di un altro protagonista NSA dei nostri tempi : le strutture international organized crime che usano i failed states come base operativa.

Lo faremo parlando di una guerra lunga quattro anni contro di loro e che coinvolge in Africa sia gli USA che potenze Europee.

Ah...siamo nel 1801 ...

Note

(I)   Per la globallizzazione iniziata nelle Fiandre
         Jacques Attali , Breve storia del Futuro /Fazi
         Editore/2007.
         Se interessati alla Globalizzazione in epoche precedenti Nayan Chanda , Bound Toghether. How traders, preachers, adventures and warriors shaped globalization, Yale University Press/2007.
Per una storia sui commerci nell'antica Roma J. Innes Miller ,Roma e la via delle spezie, Einaudi/1969.

Su Fernand Braudel a piene mani quanto pubblicato da Einaudi .

In merito all'Asia pre-portoghese in Kirti N. Chauduri , L'Asia prima dell'Europa. Economia e civilta'dell'Oceano Indiano, Donzelli Editore/ 1990

(Nota redazionale: l'articolo successivo e'stato scritto in inglese e sara'pubblicato a breve negli USA in: Public Governments vs. Private Governments)

New post-cold war order ,1992... post new post cold war order 2008 (post cold war order 1972) (1/4)

Pubblicato : October 27,2011

Il mondo e´dominato da un informale stato di anarchia e non solo da 2 secoli ma da sempre e quindi e´la forma naturale dell´ordine internazionale.

Dal 2008 assume quella del "**GX**" ,semplice evoluzione di un mondo bipolare governato anche da dimensioni a-legali.

Nei secoli si definiscono 3 forme regolanti il sistema anarchico ,forme che sono impiegate in epoche differenti :

- Balance of power

- Central coalition

- Nuclear deterrence

Se il primo a parlare di post cold war fu Nixon nel 1972 allora possiamo dire che dal 1945 l´anarchia e´stata controllata nel seguente modo :

- 1945-1972,(fine di Bretton Woods nel 1971 con la fine della convertibilità dell´oro e fine di Yalta de facto con la 1a crisi petrolifera nel 1973) . In quest´epoca interagiscono due forme che sono la central coalition , (USA –URSS), e la nuclear deterrence

- 1972-1992 la coalition si allarga a Giappone Cina, Germania, Francia, UK e permane sempre la nuclear deterrence al fine di contenere l´URSS fino al 1989 e poi eventuali derive in Russia

- 1992-2008 la central coalition permane con la EU come contenitore vuoto de facto al di fuori del continente. La nuclear deterrence permane in un contesto di WMD e proliferazione che vede coinvolti la Corea del Sud e l'Iran,India,Pakistan,Libia,e Siria.

- 2008 – ? la central coalition compie 39 anni e diviene la GREAT COALITION in quanto la coalition viene allargata anche ai NSA. La Germania non e´riuscita a dominare la EU imponendo i propri parametri sebbene ci abbia provato per 10 anni prima spostandosi verso la Russia ,(anche in nome di herathland),e poi trasformando una gestibile crisi bancaria in un demagogico attacco spostando i termini dell'equazione da un intervento per consolidare il proprio sistema bancario sovra-esposto ,(al pari del francese),in Grecia e sul mercato immobiliare Spagnolo in una crisi istituzionale Europea. La nuclear deterrence rimane attuale più che mai alla luce della crescente proliferazione ,(WMD, Korea, Iran, promessi investimenti del Venezuela). Un´attualità´di primaria importanza anche se di facto passa sotto silenzio. Oggi la coalition e´minacciata dal fatto che il consolidarsi degli NSA abbia trasformato il mondo a-polare in un mondo a GX.

La nuclear deterrence ,(comprensiva delle arms race fino al 1989), e´costata in questi 66 anni agli USA ed alla URSS/Russia circa 35,000 miliardi di $,(in media 1.452.885 US$ al giorno dal 1945 al 2011). Una somma che ha impedito di occuparsi in maniera più efficace dei problemi sociali oltreché snaturato in parte la crescita economica,(in URSS la snaturizzazione ha portato al collasso). Vi e´chi paragona ,(R. Rosecrance ,1992), per questo Mocbka e Washington alla Madrid del XVII che si e´armata la prezzo di entrare in stasi economica mentre altri beneficiavano con guadagni in termini di crescita. Una valutazione accettabile ma con prudenza dato che dalla metà degli anni ´80 le elite mondiali pagano non solo l´accesso la mercato Americano ma anche la loro sicurezza finanziando il debito ,(questo può essere visto come la chiave di lettura in grado di dare l'esatta prospettiva sia al passato che al futuro del debito USA).

Viene,quindi, da chiedersi quanto possa durare una coalizione ed in quale altra forma possa evolvere.

La premessa chiave e´capire quale sia il top gain per ognuno dei player coinvolti.

Ancora oggi è: evitare guerre e turbolenze al commercio,(anche di natura finanziaria... ovvero il campo di battaglia principe dei NSA)

Vediamo quali sono i tre problemi che una coalizione deve superare :

1) la prevenzione della guerra inteso come interesse superiore a quelli dei singoli players

2) evitare di cadere nel contesto di conflitti ideologici che genererebbero un confronto tra i players oltre a ricostituire il balance of power

3) nessun crucial player può tornare ad una dimensione di isolazionismo in quanto se questo accadesse verrebbe meno la legittimità morale necessaria per rendere effettive ed accettabili le scelte dalla coalition –

Nei prossimi articoli analizzeremo i problemi per la Great Coalition.

... perche´alla fine della fiera non sono poi neanche cosi´nuovi questi poteri forti ...

Problema 1 : la prevenzione della guerra (2/4)

Pubblicato: OCTOBER 28, 2011

(Nota Editoriale: nell´Agosto 2012 la prestigiosissima rivista Foreign Affairs pubblicava un articolo di Kenneth N. Waltz, Professor of Political Science alla Columbia University,in cui emergeva come l´Iran non fosse la minaccia che solitamente viene descritta- "Why Iran should get the bomb.Nuclear balacning would mean stability" FA Vol 91/N.4 July/August 2012)

In un precedente articolo abbiamo definito i tre maggiori problemi che possono porre in crisi the Great Coalition che sta formandosi per governare l´equilibrio mondiale,(I). In questo articolo affrontiamo il primo di questi problemi:la prevenzione della guerra.

Noi usciamo dal mondo della cold war se non nel senso che ereditiamo quanto quel mondo non abbia risolto in termini di problemi che erano generati in periodi precedenti.

La fine della guerra fredda ha sancito la fine delle grandi enclave ideologiche, (J.S. Nye Jr.1992), non nel senso che le ideologie non esistono più ma nel senso che non hanno più aree geografiche-santuari in cui sono radicate od,in altri,termini "santuari" da dove i fautori possono agire contro gli antagonisti. Od almeno non in una maniera tale da essere una minaccia globale.

Tra pochi anni guarderemo al decennio 2001-2011 chiedendoci come fu possibile che si credesse e che si temesse di non potere contenere Al Qaeda e la sua ideologia distorcente l´Islam basata in Afghanistan od in Sudan quando si e´riusciti a contenere il terrorismo comunista ben più radicato nelle nostre società e

51

supportato dall'URSS. In questo senso non si può non concordare con l'ex Segretario di Sato James Baker III, (II),quando ricorda che se fu possibile contenere l'URSS allora e´venuto il tempo di non sovra-dimensionare la minaccia Iraniana,(2008).

Un motivo di questa distorsione nella percezione e´ dovuto al fatto che non si e´riuscito a comprendere appieno che la storia non era finita,(Fukuyama),.ma "semplicemente" tornava. E tornava sotto forma di una diversitàdi cause di conflitti internazionali.

E´questo il back to the future della pace calda,(come fu definita da Schewarnadze nel 1990), seguita alla guerra fredda.

Uno spazio politico in cui il nazionalismo si trovava e si trova in tensione sia contro l'internazionalismo che contro il trans-nazionalismo. E questo con la coscienza che in sé e per sé le forze nazionali ,internazionali e trans-nazionali non sono ne´positive e né negative. Il comprenderlo spiega come sia possibile che le sfide siano tri-dimensionali allo stesso tempo,(nazionali,internazionali. trans-nazionali),in un contesto che si muove sempre più in un limbo giuridico a-legale,(Beck,2009).

Nel 1989 si definivano cinque possibili scenari :

I) Bipolarità

Allora si immaginava un ritorno della Russia , poi un mondo USA-Giappone ed oggi uno USA-Cina.

Parlando della multipolarità vedremo il perché non fu e non e´possibile.

II) Multipolarità

Un cliché´che viene abusato anche in questi anni. Allora la multipolarità´era il G7 con Russia e Cina mentre oggi e´il G20. Il problema e´che non e´ne´l uno e ne´l´altro come pure neanche un mondo a-polare ,(R.N. Hass,2008), e questo semplicemente perché si nasconde sotto un velo di ipocrisia una verità fondamentale quanto esplicativa. Se e´vero che l´ordine internazionale ha piùa vedere con la distribuzione del potere che con la giustizia allora e´anche vero che il multipolarismo di oggi non e´tra players di forza equivalente ma tra soggetti la cui forza diverge in quanto coinvolge sia un attore globale,(USA), che attori regionali,(EU, Cina), come pure (nuovi) attori quali i Non State Actors,(NSA,III).

Purtroppo questo abbaglio e´dovuto al fatto che si rimanda al concerto delle cinque potenze del XIX,(Kissinger,1962), dove le potenze in questione si equivalevano. Se e´vero che in ogni secolo emerge una potenza che definisce il sistema mondiale,(Kissinger ,1994),e´anche vero che ogni nuovo sistema mondo deve basarsi su di un equilibrio. Da 40 anni questo equilibrio si basa,(e non e´la prima volta nella storia),su soggetti a potenza differente che include strutture come i NSA che,se non nascono dall´ordine di Westphalia del 1648,ne rappresentano un´evoluzione "passata inosservata". Per capire come questo sia possibile dobbiamo aver presente che tipo di sovranità sia nata da Westphalia: un ordine basato sulla sovranità degli stati e non su quella dei popoli.

Da allora questa dimensione si e´erosa con l´evolversi della complessità dei rapporti internazionali mano a mano che questi rendevano centrali scenari ed attori non euro-centrici. La creazione dell´impero democratico Americano dal 1778 sul territorio nord Americano come pure la creazione di NSA quali le varie "Società delle Indie",(IV), e le rivoluzioni nate da quelle Americana e Francese hanno modificato questi rapporti nel senso di creare soggetti intermediari rispetto allo stato con un potere,(parallelo ed indipendente),proprio. Nazionalismo e partecipazione democratica hanno fatto una parte da leone nell'erodere questo bilancio di poteri.

Oggi abbiamo una struttura **GX** dove "X" significa che a seconda dei contesti in cui si opera variano i soggetti.

Ad esempio se si opera nella dimensione militare siamo in un mondo G4 con USA,Russia,Francia,UK,. Dal punto di vista dell'organized crime il mondo e' G6 con Italia,Turchia,Russia,Cina,Giappone,Israele.. In quello finanziario e' G22 comprendendo sia dei State Actors, (SA), come paesi G7 + 3 dei BRIC's,(Russia, Cina, Brasile), + Arabia Saudita e UAE a cui si uniscono sei delle 23 tipologie di NSA,(V),ovvero le international organization ,(IMF),le regional organization,(EU),le multinationals,i global media outlets,(CNN, Al Jazhera …),i private controllers,(Standard & Poors …),le national international economic powerhouse ,(i Fondi Soivrani) e via dicendo.

Ed altro non potrebbe essere in un mondo tridimensionale dove i tre principali protagonisti sono gli eredi degli ultimi imperi territoriali esistenti e creatisi nel corso di secoli,(USA, Russia,Cina), La tridimensionalitàconsta di una struttura a livelli in cui :

- al top si ha la dimensione della sicurezza nell'accezione militare in cui un solo player ,(USA),e'global e non ha rivali.

- Nel middle la dimensione economica che e´multi-players da almeno 40 anni.

- Al bottom quella della interdipendenza trans-nazionale e nazionale dove si ha il fermento maggiore e dove la dimensione del soft power gioca un ruolo il più delle volte più importante di quello dell´hard power.

Una multipolarità imperfetta,(in quanto non istituzionalizzata), e dimanica,(in cui i soggetti variano a seconda dei conte sti..

III) 3 blocchi economici

Allora erano USA, CEE, Japan ed oggi sono USA,EU,Cina ed e´ bene ricordare che si usano per descrivere la Cina le stesse parole che si usavano per descrivere l´ascesa del Giappone fino al giorno dell´inizio dell´implosione con la crisi della borsa.

La dimensione dei blocchi economici non e´realistica per due ragioni :

a) Il potere e´multidimensionale ,(da sempre).

b) l´integrazione delle produzioni come pure dei mercati da almeno 40 anni.

IV) Unipolarita´

Fu Charles Krauthammer,(1991), a parlare di Pax Americana. Un qualcosa che non e´mai esistito nella realtà in quanto innestava la vittoria nella Guerra del Golfo del 1991 in un´economia mondiale che era quadri-polare, (USA,Europa,Giappone,Cina),da almeno 20 anni. Una vision che,quindi, si scontrava con le realtà che rendono impossibile la creazione di un mondo basato sui blocchi

55

economici ma che,sfortunatamente, divenne un cliché´abusato quanto dannoso.

V) Interdipendenza a multilivelli

Quanto detto sulla multipolarità in merito al GX può essere applicato all´interdipendenza a multilivelli,(multilevel interdependence),nel senso che convivono diverse gerarchie con diversi attori (trasversali).

Il concetto chiave e´sempre e solo che il potere e´multidimensionale ,(un mix di hard e soft power), e ad oggi sono ancora gli USA a detenere il più grande potere multidimensionale . Ma non solo dato che sono il solo player ad avere un effettivo potere multidimensionale che copra tutto lo spettro soft-hard power.

In questo contesto nessuno dei GX a parte quello dell´organized crime mondiale ha interesse ad una guerra trai i propri membri.

Siamo di fronte ad una sorta di contenimento flessibile in cui i player dei diversi GX hanno interesse ad agire come responsabili stakeholder e quindi impedire sia ai loro alleati che ai trouble makers di scatenare una guerra come pure ad impedire che situazioni locali possano degenerare in realtà conflittuali tali da porre in crisi il sistema mondiale.

Due esempi lo chiariscono in maniera inequivocabile :

- Taiwan:Washington ha chiarito dalla fine del XX che non appoggerà mai Taipei in caso di un´invasione di Beijing a seguito di una proclamazione di indipendenza

- La pirateria Somala:nel 2008 Beijing e´venuta meno al tradizionale atteggiamento di astenersi o di votare contro in caso di delibere del Consiglio di Sicurezza ONU che prevedano un intervento militare all´interno dei confine di una nazione. Lo ha fatto appoggiando una risoluzione che dava mandato per azioni militari anti-pirateria anche nelle acque territoriali Somale. La ratio era , (ed e´),la tutela dei propri interessi commerciali posti a rischio dai danni della pirateria al commercio internazionale.

Questi esempi dimostrano come il mantenimento dell´ordine sia la priorità principale. Nessun BRIC´s appoggerà il Venezuela o l´Iran in una guerra contro gli USA e/o Israele. Quello che avviene e´che i new players non vogliono modificare l´ordine che ha consentito loro di crescere ma "semplicemente" ridisegnarsi un nuovo ruolo e peso specifico. Lo stesso dicasi per i NSA.

Note :

(I)   http://prosumerzen.net/2011/10/27/new-post-cold-war-order-1992-post-new-post-cold-war-order-2008-post-cold-war-order-1972-by-paolo-dealberti-italiano-1/

(II) http://www.info4tv.org/?p=320

(III) una seria di articoli sulle NSA

(IV)   http://prosumerzen.net/2011/04/22/useuropean-powers-vs-pirates-in-africa/

http://prosumerzen.net/2011/04/20/multinationals-as-no-state-actors-multinazionali-come-no-state-actors-derss/</

(IV)   http://prosumerzen.net/category/from-geopolitics-to-biopsherepolitics/no-state-actors-nsa/

(V) http://prosumerzen.net/2011/05/05/nsa-is-it-correct-the-description-of-the-21-kinds-of-nsa%c2%b4s-2/

Problema 2 : il conflitto ideologico (3/4)

Pubblicato : October 31, 2011

Delle strutture nate da Bretton Woods ,(IMF, WB), e da Yalta, (ONU), solo quest'ultime erano stato-centriche in un'ottica Westphaliana. Stato-centriche nei termini della sovranità nel senso che le loro decisioni erano applicabili solo quando i confini erano attraversati ma non quando la forza era usata all'interno. Non lo erano però nel campo economico,(ovvero in quelle nate da Bretton Woods), dove la sovranità Westphaliana non e'mai esistita. Un dato da tenere a mente. Col tempo ed con un'accelerazione a partire dall' 'intervento in Serbia questo limite di ingerenza e'venuto meno lasciando spazio all'ingerenza umanitaria per cui l'ONU può autorizzare azioni militari se le popolazioni civili sono poste a rischio dai loro governi. Eccezioni sono stati il genocidio in Rwanda e Dafour e ,ad oggi, le repressioni omicide dell'opposizione pacifica in Siria. Ad oggi i soli che continuano a propugnare questa vision limitante l'intervento dell'ONU negli affari interni di una nazione a fronte di uccisioni di massa sono la Russia e la Cina con un contorno opportunistico che va dall'europea Germania ai "bricsiani" Brasile e S. Africa come pure ad Iran e Venezuela. I ripetuti,(ed a volte discutibili),veti USA per le risoluzioni riguardanti Israele non sono configurabili in questa dimensione in quanto la Palestina e, de facto come pure de jure ,uno stato in limbo con un governo e non più territorio Israeliano. Un governo che,ed e'bene ricordarlo, tratta con Israele. Un'ultima parola sulla Cina. Non e'neanche vero che la Cina sia contraria ad ogni ingerenza della sovranità nazionale per partito preso ma lo é solo e soltanto quando questo lede i propri interessi strategici. La Cina e'contraria ad ogni ingerenza al fine di non averne in casa propria sui diritti umani come pure sulle varie spinte scissionistiche e su

Taiwan. Ma questo non ha impedito a Beijing di votare nel 2008 a favore dell´ingerenza nelle acque territoriali Somale per fermare la pirateria internazionale. La Cina dipende dal mare per importare ed esportare e quindi ripulirlo dai pirati e´una ragione strategica che giustifica in questo caso l´appoggiare di una risoluzione che limita la sovranità nazionale di una stato,(la Somalia).

Questa premessa e´utile per introdurre il secondo problema che può mettere in crisi la Great Coalition:il conflitto ideologico.

Nel 1992 Nyer Jr. rilevò che non esistevano più enclave ideologiche , ovvero nazioni da usarsi come santuari da cui organizzare azioni destabilizzanti nel campo avversario. Una definizione solo parzialmente corretta in quanto non era vero che non esistevano più enclave, (Sudan, Afghanistan ,Iraq, Venezuela, Siria, Iran, Somalia, Nord Korea, KSA, Yemen, Mauritania, Burma, aree del Libano sotto il controllo Hezbollah hanno dimostrato e dimostrano il contrario), ma che nessuna di questa come pure nessuna loro coalizione poteva mettere a repentaglio l´ordine mondiale come pure non essere contenuta. Parafrasando le parole dell´ex- segretario di stato James Baker III,(2008), se si era potuto fare il contenimento dell´URSS e´impossibile pensare che non lo si possa fare per l´Iran.

Ma questo non vuol dire che non si possa avere un nuovo confronto ideologico tra modelli alternativi. Ad inizio XXI gli scontri poi possono anche avvenire a partire da altre tipologie di enclave : quelle virtuali ,(ad esempio il cambiamento di usi e costumi sociali che interessa dimensioni quali la famiglia, il matrimonio, la cittadinanza , la religione che da almeno dieci anni avviene in non meno di 12 mondi virtuali con milioni di … cittadini).

Il punto chiave ,pero, per avere un confronto ideologico e´quello di avere dei modelli ideologici alternativi ed in competizione.

Quali possono essere questi modelli ideologici ?

1) Il fondamentalismo Jadhista di matrice Binladiana

Il fondamentalismo Jadhista di matrice Binladiana e´sempre stato perdente. E´un peccato che ci si sia dimenticato come mai OBL abbia internazionalizzato il confronto che era ed e´sempre stato in primis contro le monarchie del Golfo. Il fallimento nel cercare di attuare una rivoluzione contro queste monarchie lo ha portato a pensare di darsi una dimensione internazionale,(e con essa di attaccare gli USA/ Occidente),al fine di trovare un consenso che era stato incapace di conseguire allorché si era limitato a colpire la monarchia Saudita. Quanto poi in realtà a OBL totalmente disinteressasse sia la condizione di sofferenza dei Musulmani che della loro protezione contro chi non fosse strumentale alla sua retorica ed al suo potere ci e´dato da ,almeno , dodici esempi:

I. nonostante i massacri etnici di Mussulmani nella guerra seguita alla dissoluzione della Yugoslavia OBL non ha mai fatto eseguire un attentato contro bersagli Serbi e meno che mai contro quelli degli alleati Russi

II. nonostante la Guerra Cecena OBL non ha mai colpito un bersaglio Russo per appoggiare i Mussulmani in Cecenia

III. nonostante i massacri di Mussulmani OBL non ha mai colpito un bersaglio Indiano-Hindu per rappresaglia

IV. non si e´fatto scrupolo di uccidere altri Mussulmani con bombe in moschee Sciite in Iraq

V. nonostante la pressione Turca contro i Curdi mussulmani non e´stato mai colpito un bersaglio Turco per questo. Gli attentati in Istanbul erano contro l´alleanza Turca con l´occidente e contro banche occidentali. Lo stesso dicasi per le pressioni di Iran e Siria. In Iraq OBL ha combattuto i Curdi nonostante siamo Mussulmani Sunniti e questo alla faccia della Umma tanto erroneamente decantata in Occidente

VI. nonostante le repressione del gruppo etnico Mussulmano in Cina OBL non ha mai ordinato un attacco contro un bersaglio Cinese

VII. Israele ha condotto due guerre contro Hezbollah ed Hamas ma OBL non ha mai ordinato alcun attacco contro un bersaglio Israeliano

VIII. L´ex-portavoce della Bundersbank,(allora ancora portavoce),fa uscire un bestseller populista in cui i Mussulmani Turchi in Germania sono descritti come dei mezzi delinquenti e mezzo deficienti ma OBL non ordina alcuna azione punitiva contro quest´offesa al Umma Mussulmana.

IX. Nessuno gruppo politico che abbia attuato del populismo anti-integrazione,(da Le Pen a Bossi per passare ai fondamentalisti evangelisti USA),se non della vera e propria discriminazione razziale ha mai avuto la considerazione di OBL nonostante che questo incidesse sulla vita quotidiana di milioni di Mussulmani ma se una bambina inglese residente a Kartum da´ad un orsetto di peluche il nome di un cugino del Profeta allora OBL minaccia azioni apocalittiche ,(mai eseguite), in Sudan ... .

X. i Mussulmani che erano perseguitati nei regimi Libico e Siriano non hanno mai attirato la sua attenzione e con essa un´azione contro bersagli di quei regimi

XI. il governo delle Filippine e´in guerra contro movimenti insurrezionali a matrice Islamica ma OBL non ha mai colpito un bersaglio Filippino

XII. nel sud della Thailandia vi e´una guerra contro gruppi Islamici ma ,anche in questo caso, OBL non ha mai concepito un´azione contro un bersaglio Tailandese

Dodici situazioni in cui OBL e la sua super accreditata come potentissima organizzazione non hanno saputo neanche deporre una piccola bomba carta di fronte ad un ufficio culturale periferico e non sorvegliato od inviare una lettera di minacce ... .

Quindi OBL da buon manipolatore mediatico semplicemente non hai mai avuto alcun interesse verso l ´Umma Mussulmana,(nonostante milioni di litri di inchiostro in 10 anni abbiano detto sempre il contrario ignorando sistematicamente questi dati di fatto),ma solo contro gli USA. Vengono in mente le parole di un saggio conoscitore delle cose del mondo come Marco Pannella quando amaramente disse che un Palestinese ucciso interessa solo se a ucciderlo e´un Israeliano ... .

Ma al di là di tutto sono stati i popoli Mussulmani a ricordarci che OBL aveva sempre fallito con i loro cuori e le loro menti e lo hanno fatto con la Jasemine Revolution .

Questa rivoluzione ha decretato che il fondamentalista Jaddhista e´morto.

2) Il Beijing Consensus

I BRICS sono più ,(accreditata),forma che sostanza. Lo sono quando si tratta di dimostrare una solidarietà interna che abbia un costo e quindi non si concretizza,(I), come lo sono quando si va a considerare il loro peso reale. Possono anche disporre delle maggiori riserve valutarie del mondo ma non dimentichiamo mai che la Germania esporta piùin Austria che in Cina,(II).Ed a proposito di chi deteneva le maggiori riserve valutarie ed aurifere del mondo non dimentichiamo cosa e´accaduto negli ultimi venti anni a Taiwan,Giappone e KSA in termini di capacità di conseguire un reale peso politico internazionale.

Negli anni ´80 fino all´implosione del Nikkei si sviluppò l´idea del Tokyo Consensus basata su una non ben identificata ed identificabile versione Weberiana-zen-newage di un soft power più supposto che reale. In quegli anni,ed a deferenza di quanto accadeva,ad esempio in Korea o Taiwan, i soli prodotti del soft power che avevano diffusione in occidente erano il sushi ed i manga. La Cina ha inaugurato la sua 1a triennale di design,(REN), ma siamo ancora ben lontani da una capacità propositiva autoctona capace di tradurre simbologie da soft power in content che divenga living struments che circondano e riempiono la quotidianità.

Al momento la Cina sembrerebbe avere ancor meno softpower … sembrerebbe.

Sembrerebbe in quanto vi sono tre dimensioni in cui Beijing puo´esercitare un soft power maggiore di quanto si immagini.

La prima dimensione e´nelle elite´di molti paesi emergenti ed in via di sviluppo che sono affascinate dalla capacità dell´elite Cinese di sviluppare senza concedere nulla alla democrazia.

La seconda dimensione e´quella di diverse elite occidentali,(anche elette), che guardano con invidia ad una struttura sociale dove l´elite,(gli have), ha un potere illimitato sugli have not che sono solo massa lavoro e consumatori.

La terza e´quella delle elite di alcuni dei NSA coinvolti nel ridefinire gli equilibri dell´ordine mondiale che sono affascinate dalla possibilità di un mondo dove loro si intendono i " new mandarin" senza doveri e gli altri la massa che ha un solo dovere : il soddisfarli.

Ma il Beijing Consensus dal 2008 si sta modificando e sembra che solo le elite dei paesi emergenti e non le altre elite se ne siano accorte.

La leadership Cinese ha come priorità principale la propria conservazione e ogni azione è finalizzata a questo scopo.

Il boom inflattivo che ha eroso il potere di acquisto si ´innestato su un malcontento sociale espresso con una media 301 manifestazioni al giorno nel 2010.

Questo ha spinto la leadership a concentrarsi sempre più sullo sviluppo di un embrione di welfare che possa agire da ammortizzatore sociale anti-ciclico e che,quindi, garantisca contro delle rivoluzioni.

Il Brasile ,anche se per altri motivi, sta investendo molto in questo e la Russia dovrà farlo a breve dato il terremoto demografico che sta vivendo.

In questa dimensione verso il welfare il Beijing Consensus potrebbe essere un model per altre realtà.

Ma allo stesso tempo Beijing non ha alcun interesse ad iniziare un conflitto ideologico con gli USA e tantomeno a mettere in discussione l'ordine mondiale in cui si e'sviluppata e con sui si sta sviluppando. Il suo target strategico non e'ridiscutere l'ordine ma averne un altro peso all'interno.

In questo senso ,però puo'essere un modello "involontario" che alcune elite in altre parti del mondo,occidente compreso come sopra detto, vorrebbero imitare.

3) L Generation

Abbiamo una L Generation ,(L = lost) , (III),che sta riannodando i fili e che su base mondiale più che offrire un'alternativa ideologica,e senza avere alcuna enclave, sta mettendo in discussione i trend sociali attuali.

Dalla Jasemine Revolution all'Occupy Wall Street passando dagli Indignados o dai promotori dei referendum in Italia.

Al pari dei movimenti degli anni '90 manca di un coordinamento globale e la descrizione di questo non coordinamento che ne fece Tony Negri per quel movimento e'per molti versi attuale per questo.

Al pari dei No Global non hanno una enclave nel senso di uno stato che sia un modello, (Porto Alegre non può essere questo ...).

Ma nonostante questo possono essere il contropotere sociale che si ha bisogno per ridimensionare gli eccessi di trope elite che hanno fatto dell'egoismo sociale la loro bandiera

Anche perché le enclave possono essere ... altrove.

4) Dual World

Con Dual World si intende un continuum tra real e virtual world dove il virtual e´sempre meno virtual e sempre più una dimensione del real.

Non si tratta solo del mondo del social network ed e´oltre il 3D social network.

Molti di quelli che osservano queste realtà le considerano qualcosa a metà strada tra un sofisticato videogioco multi players ed un luogo dove persone a basso reddito o con insoddisfazione della loro vita possono drogarsi in un mondo virtuale. Per non parlare,ovviamente ,del fatto che sia definito come un luogo per assetati di cybersex.

Ma chi dice questo tende a dimenticare la variabile chiave per capire questi worlds ,ovvero la costante che e´il profondo coinvolgimento emotivo.

Tali definizioni sono alquanto incomplete.

Esistono persone riconducibili a quelle categorie ma i circa cinquanta milioni di visitors in questi mondi si sentono citizens...

Citizens...di un qualcosa in divenire e di cui si entra a far parte sempre piu´giovani.

Nell´arco di dieci anni un avatar sarà parte integrante della vita professionale,ludica ,sociale ed affettiva di non meno di quattrocento milioni di persone ,(ovvero circa il 22% della middle class mondiale).

Un dual di proporzioni sociali immense. Un dual dove parole come cittadinanza. etnia. nazione. religione.

famiglia stanno assumendo significati e dimensioni diverse.

Un mondo dove nuove religioni e gruppi ideologici stanno monopolizzando questa dimensione dell´essere e lo fanno con messaggi che non sono certamente democratici o moderati.

Queste persone poi comunicano in real... ed in real possono dare forma a quello che pensano e provano in virtual.

Un dual,appunto, con implicazioni socio-politiche immense.

Un esempio tra tutti : il National Intelligence Council nel report "Global Trends 2025" ha parlato di una nuova reglione con non memo di duecento milioni di adepti . non stupiamoci se scopriremo che e´iniziata anche li.

Ma anche in questo caso e´ancora da definire se si tratterà di un modello ideologico in collisione mortale con altri o ,più semplicemente, una forma di potere con cui soggetti SA ed NSA cercano di ritagliarsi un ruolo all´interno dell´ordine esistente.

Al momento la sola fonte certa di un modello alternativo e´quella della L Generation seguita a ruota da Dual World.

E questo tiene aperta l´opzione del confronto ideologico generato da forze esterne agli state actors .

Note

I)http://prosumerzen.net/2011/06/14/tactical-warning-china-
5-5-but-also-11-4/

http://prosumerzen.net/2011/05/18/tactical-warning-china-
potential-production-problems-and-reduced-demands/

http://prosumerzen.net/2011/05/03/tactical-warning-
gasoline-crisis-in-russia/

II)http://prosumerzen.net/2011/09/19/frau-merkel-
arroganza-e-populismo-non-pagano-by-paolo-dealberti/

III)   http://prosumerzen.net/2011/05/27/mit-der-nase-volle-
indignados-indignati-%e2%80%a6with-broken-balls/

Göi   aötri   articolo   di   questa   serie   sono   a
http://prosumerzen.net/2011/10/28/problema-1-la-
prevenzione-della-guerra-by-paolo-dealberti-2/

Problema 3 : disimpegno (4/4)

Pubblicato: November 4, 2011

Il 3. problema che può generare il default della Great Coalition in formazione e´ quello del disimpegno .

Un disimpegno che porterebbe i leading players a passare da una dimensione internazionale ,(anche se in alcuni casi non globale), ad una regionale.

Ad un´analisi superficiale i dati del commercio intra-blocchi,(EU,Western Hemisphere /continente Americano, Asia), farebbero pensare a questo dato che il commercio regionale e´maggiore di quello verso il resto del mondo.

Farebbero pensare e sarebbe un´analisi molto superficiale e grossolana che non considera minimamente la realtà del commercio mondiale dagli inizi del XIX.

Un dato su tutti per spiegare quanto quest´interpretazione sarebbe un abbaglio colossale : da almeno 20 anni il commercio intra-company e´ almeno il 30% di quello mondiale. Con commercio intra-company si intende quello tra le branches di una società in giro per il mondo. Ovvero in questo caso "l´import" sono i vari componenti che poi vengono assemblati in uno stabilimento e da li venduti in tutto il mondo. Ma lo sono anche i prodotti la cui produzione e´nel paese Alfa ma poi la società vende ,tramite le sue branches locali, ai distributori per i mercati nei paesi Beta, Delta,Gamma etc.etc.

In altre parole la dipendenza dai fornitori di componenti ,semilavorati come pure di prodotti finiti e´troppo alta per fare a meno del commercio e per chiudersi in una logica di blocchi regionali intorno ad uno o pochi leading players.

In quest´ottica ed a causa di questa situazione non lo sono certo interessati paesi come la Cina ,il Giappone che dipendono troppo sia dall´import di risorse naturali e componenti/semi –lavorati che dall´export della loro produzione.

Infine la dinamica dei flussi di capitali da parte dei vari soggetti statali e non, (Banche Centrali, IMF ADB,CARICOM,EBRD, ADB,WSF, hedge funds, ADB,pension funds …),impedisce che questo avvenga

Quindi se manca il movente economico quale altra ragione può generare dei blocchi?

Sarebbe facile cadere nella tentazione di dividere il mondo sulle faglie culturali –religiose come fece Huntington nel 1996 ma non avrebbe senso.

Ad esempio,come visto nell´articolo in merito al confronto ideologico,(I), l´Umma Islamica e´più´un costrutto della propaganda binladiana e della ignoranza di troppi opinionisti che della realtà. Se un ulteriore esempio e´necessario basta guardare l´Iraq dove la guerra civile era anche fatta da Sunniti contro Sciiti o quanto in Siria dove la minoranza Alawita,(Sciita), e´in contrasto con la maggioranza Sunnita per non parlare di quanto in Bahrein.Il tutto senza ovviamente dimenticare lo scontro tra lo Sciita Iran e la Sunnita Arabia Saudita od il fatto che quando parliamo della Lega Araba il discriminante e´l´etnia, (Araba),e non la famiglia Mussulmana di appartenenza, (Sunnita o Sciita),ed infatti non solo non vi fanno parte Iran, Malaysia, Pakistan Afghanistan, Bangladesh, BosniaHerzegovnia, Macedonia, Kossovo, Albania,

Turkmenistan,Azerbahidjan,Burnei,Kazakistan,Uzbekistan e Turchia ma anche il paese con la più grande popolazione Mussulmana al mondo, ovvero l´Indonesia

Allo stesso modo un´alleanza ariano-cristiana e´impossibile in quanto, al pari dei Mussulmani, non esiste un mondo Cristiano ma un insieme di famiglie che vanno dalla Chiesa Cattolica di Roma ai Mormoni passando da chi non crede a Darwin per finire con chi appoggia il fondamentalismo cristiano neo-nazista che ha causato il massacro in Norvegia in luglio.

Se la religione non può,quindi,essere una ragione per una divisione in blocchi cos´altro ?

Il fattore militare ?

La NATO include la Turchia a maggioranza Mussulmana ed in Afghanistan , a dire di Mosca,copre il fianco sud della Russia.La Russia mitologicamente definita come la protettrice délla comunità slava contro cui la NATO combatté in Yugoslavia negli anni ´90 del XX . Ed infine la Russia integra con la NATO strategie comuni difensive. Ma Francia, UK, USA ,Turchia hanno poi le loro alleanze con sistemi di sicurezza regionali in altri aree del mondo. Il risultato finale e´che di fatto una struttura di alleanze mondiale che vede nelle più di 1.000 basi Americane nel mondo un comune denominatore non può frantumarsi per ridefinirsi su basi regionale.

L´etnia ?

Difficile pensare che un indo-europeo danese decida di trasformare l´Europa in un perimetro militarizzato per salvaguardare un indo-europeo italiano,e viceversa. Si e´parlato di Siria e della divisione religiosa Sunniti-Sciiti per comprendere la prossima guerra civile ma poi se si va ancora più nel profondo nel sociale vediamo che quello che conta e´la tribù che va oltre l´etnia e la religione. Ad esempio in Libia dei Berberi erano con tribùc he appoggiavano Gadhafi mentre altre combattevano contro. Od in Libano il fatto di essere etnicamente Arabi non impedisce ad Hezbollah di essere contro altri Arabi residenti nelle monarchie del Golfo. O se un giorno Taiwan dichiarasse l'indipendenza non saràcerto la comunanza etnica che impediràa Beijing di tentare una invasione. E gli esempi richiederebbero almeno un libro … .

In ogni caso una "grande alleanza" militare, religiosa od etnica che sia deve essere mantenuta da un'economia che possa finanziare le economie dei players meno forti. E come abbiamo visto il fattore economico spinge ad integrare e non a dividere. Un paio di esempi su tutti : Russia. Iran, Arabia Saudita esportano petrolio ma importano benzina oppure il petrolio Venezuelano,data la sua composizione minerale,può essere raffinato solo negli USA in quanto solo laggiù vi sono raffinerie in grado di farlo e quindi il 75% viene raffinato negli States … .

Per fortuna siamo in un mondo dove ogni nuovo nato rappresenta un contribuente per il sistema pensionistico ed un consumatore e non più una nuova baionetta per la patria. Una definizione indubbiamente un po'estrema ma chiarificatrice.

Un ulteriore elemento possono essere le alleanze tra "blocchi ibridi" ovvero formati da state actors a not state actors.

Di questa dimensione parleremo nel prossimo articolo.

Note :

(I)   http://prosumerzen.net/2011/10/31/problema-2-il-conflitto-ideologico-3/

(Nota redazionale: l´articolo successivo e´stato scritto in inglese e saràpubblicato a breve negli USA in :"Public Governments vs. Private Governnments")

Monti e l´ABC oppure l´ABC e Monti ?

Pubblicato : March 14th 2012

Il 13 marzo 2012 sera si e´tenuto un incontro tra il Presidente del Consiglio Monti e l´ABC, (ovvero i vertici dei 3 più grandi partiti Italiani elencato in ordine esclusivamente alfabetico Alfano, Bersani, Casini).

L´Italia e´ una delle realtà in cui si stanno svolgendo esperimenti politico-istituzionali altamente sofisticati che possono essere di modello a livello mondiale.

Le altre realtà sono la EU, gli USA, UK, Spagna,Francia, Grecia,Russia e Cina e noi sintetizziamo questi esperimenti con due parole chiave :

- POLITICRACY = POLITIcs+ technoCRACY

- TECHNOPOLITICS = TECHNOcracy + POLITICS

La dimensione **Politicracy** prevede che sia il potere politico eletto,(quelle che definiamo come le Politicaly Elected Elites,PEE),che comandi su quello tecnocratico che si limiti ad eseguire come un esecutivo tecnico senza legittimazione elettorale ma solo politica derivata dal consenso di una coalizione di partiti.

La dimensione **Technopolitics** prevede invece che il governo tecnico abbia una legittimazione politica generata dal vacuum di potere lasciato da una classe PEE incapace di governare ed ora una coalizione fornisce la legittimazione del consenso elettorale ad un corpus tecnico che e´legittimato politicamente dall´incapacità´della PEE di agire.

75

Il primo a parlare di un governo legittimato politicamente fu l´On. Casini in una nota trasmissione televisiva in onda alle 20.00. Ed ora in Italia stiamo vivendo una situazione in cui un corpus legittimato elettoralmente da la legittimazione politica ad un corpus non eletto ma che e´il governo.

De facto si e´sancito un modello chiaro in cui si distingue tra LEGITTIMAZIONE ELETTORALE e LEGITTIMAZIONE POLITICA.

A pensarci bene si ripete a livello nazionale quanto gli SA,(State Actors), fanno in tutte i NSA come il Fondo Monetario Internazionale o la Unione Europea. Un corpus legittimato elettoralmente conferisce legittimazione politica ad un corpus tecnico che poi opera come braccio esecutivo.

Ma dal 2008 la situazione si e´complicata in quanto i corpus tecnici/burocratici delle varie realta´NSA hanno iniziato a muoversi di "moto proprio" ben più velocemente di quanto non facessero prima … e non solo loro.

In Italia uno scenario politico post 2013 dato che tutti,ormai,vedono Monti come un candidato per un nuovo governo potrebbe essere quello di un cartello elettorale che abbia la legittimazione elettorale per divenire corpus parlamentare che poi legittimi politicamente a sua volta un corpus di non eletti che divenga il governo tecnico. Un interessante esperimento politico-istituzionale a livello mondiale che ha molta più importanza dello spread rispetto al Bund Tedesco.

In altre parole in Italia il punto chiave e´chiedersi:e´la tecnocrazia che sottoscrive i desiderata della politica od il contrario ? Ovvero "Monti e l´ABC" oppure "l´ABC e Monti"?

E se il 20-25% non vota perché intende "politica" come sinonimo di partitocrazia allora questo significa che per il 1.

partito Italiano,(gli astenuti),la precedente domanda si ponga in questi termini :e´la tecnocrazia che sottoscrive i desiderata della partitocrazia od il contrario?

Tecnocrazia,partitocrazia,politica … l´Italia, oggi decide il suo futuro in un mondo in tensione nella ricerca di equilibri tra SA e NSA nell´amalgama che si muove tra questi tre vertici sembrerebbe, no?

Sembrerebbe infatti ma le cose sono molto più complesse.

Siamo il paese che nel 2010 ha importato un numero di auto dal valore superiore a 110.000€ tale che ne abbiamo una ogni 296 persone. Ma allo stesso tempo abbiamo un 30% di precari e tra questi due estremi il resto del paese che possiamo classificare in maniera semplicistica, ma molto simbolica nella (triste) provocazione,come un paese con utilitarie da 7.000 fino a berline da …111.000€.

Verrebbe voglia di sintetizzare provocatoriamente con una "fotografia" della situazione sociale che ritrae una sorta di nuova struttura di vassalli,(auto da almeno 110.000€),valvassini i e valvassori,(utilitarie da 7.000), e poi i precari.

Una provocazione amara ma che ci parla di una realtà altrettanto amara : in un paese dove ogni 296 persone qualcuno può comprarsi un berlina super lusso e´difficile pensare che vi sia un reale desiderio di incidere sui privilegi che ogni gruppo sociale difende.

Ma l´Italia e´anche un esperimento interessante in quanto membro di un particolare "G" ovvero del G7 dell´organized crime.

Italia,Russia,Cina,Israele,India,Giappone,Turchia sono i centri delle più sofisticate organizzazioni criminali al mondo. Un vero non state actor ,ovvero un potere alternativo allo stato. Anzi meglio de facto uno stato,ovvero un Non State Actor, (NSA),!

Sabato e domenica scorsi la Confindustria ha tenuto due giorni di convegno. Sentire la diretta generava tristezza. Vedere che altre nazioni,(Brasile,Germania,Polonia),hanno potuto fare riforme che hanno richiesto anni e´un esempio di ottimismo nel senso che e´la prova che se ne può uscire. Sentire che ci vogliono 10 anni e´anche accettabile ma poi, tristemente, il solito avvitarsi nel fatto che noi Italiani siamo "troppo".

Troppo   creativi,intelligenti,fantasiosi,dinamici,bravi   … insomma TROPPO FIGHI !

E questo avvitamento sul proprio ombelico fa pensare che tutti i presenti al convegno possano comprarsi una macchina da almeno 110.000 euro sapendo bene che il gioco incrociato degli interessi di bottega consente di preservare questo status quo dove da un lato ogni 296 Italiani qualcuno gira in super car e dall´altro il 30% della popolazione appartiene a quella che noi definiamo come L Generation = Lost Generation ,(ovvero il proletariat del XXI)… .

(Per inciso se consideriamo come campione della popolazione solo i maggiorenni allora siamo a 1 ogni 220 Italiani … .)

Eppure le cose si muovono per cambiare e questo movimento fa si che l´Italia sia oggi uno dei laboratori politici più interessanti al mondo anche se, per triste ironia, sembra che siamo così presi dalle nostre botteghe da pollaio che siamo gli unici a … non accorgersene.

Appendice : le 28 forme di Non State Actors ,(i Poteri Forti Globali), al mondo

Pubblicato : May 5th 2011 in Prosumerzen

(Nota Editoriale: in "Beyond great powers and hegemons. Why secondary states support ,follow or challenge" pubblicato dalla Stanford University nel 2012 ed edito da K.P. Williams,S.E. Lobble, N.G. Jesse viene data una classificazione della Diaspora Palestinese in Giordania che ricalca quanto nella classificazione "Privatized Functional Organization,(PFO)" piu´avanti descritta)

Secondo la definizione standard un Non State Actor, (NSA), e´un soggetto politico agente a livello internazionale con un potere in grado di influenzare/modificare lo scenario.

Sono definite 5 forme di NSA :

-NGO = non governmental organization
-MNC /TNC = multinazionali, aziende transnazionali
-VNSA = NSA violenti come i gruppi terroristici od il crimine internazionale transnazionale
-RG = gruppi religiosi
-TDC = transantional diaspora communities , ovvero le diaspore

Secondo l´economista Tedesco Ulrich Beck,(2009), il problema fondamentale si ricollega ad una domanda chiave : quali sono le basi che legittimano la Herrschaft ,(leadership) ?

La storia mostra che a livello geopolitico la forma di ordine più costante è l´anarchia più meno istituzionalizzata.

79

Questa dimensione può originare una struttura di potere senza disegno come ad esempio avvenne nel medioevo fino al XII o sta avvenendo oggi nel contesto dell'economia finanziaria reale ,(RFE),in un trend iniziato con le fiere del denaro in Piacenza nel XVI,(Braudel,1979).

Ma può anche originare una struttura di potere basata su un disegno ,una strategia come accadde con il concerto delle potenze nel XIX,(Kissinger 1994), o per secoli alle frontiere nord del Regno di Mezzo.

Come detto in questo testo gli NSA non sono un fenomeno del XXI e possiamo ,a questo punto dire, che sono anche un fenomeno precedente la pace di Westphalia nel 1648. Questo a patto che si accetti una verità storica ,ovvero che lo stato come lo conosciamo sia una creatura che esiste dal 1648 e che prima altre forme di potere erano paragonabili allo stato pur non avendone la forma. Questo almeno nel senso che si trattava di un potere centrale basato su una visione ideologico-culturale e con una burocrazia che cercava di applicarne l'autorità in un territorio abitato da persone che lo accettavano e lo rifiutavano e si organizzavano di conseguenza.

Le patenti di immunità Carolingie , i nuclei autonomi di potenza navale a partire dal IX,(ad exp. Venezia o Gaeta),il vuoto di potere generato dalla sospensione per quasi un secolo di legislazione dal 898 con il relativo lento scardinamento del'ordine pubblico che portò,ad esempio, a situazioni come le esenzioni concesse al Vescovo di Mantova nel XII,(Romano-Vivanti,1974), ma anche il potere concesso fin dal IX alla madras nell'impero Arabo,(Lapidus,1988), come pure la struttura delle gentry a partire dai Qing in Cina,(Fairbank,1992), sono solo alcuni degli esempi che confermano che questo **trend e'secolare come pure universale**.

Questi esempi inoltre dimostrano che i NSA sono strutture di potere / contropotere che non agiscono

solo a livello internazionale ma anche a livello locale ,(
diciamo "nazionale" dopo la pace di Westphalia). E non vi
e´nulla di sorprendente in questo se consideriamo che gli
enti mediani definiti come gli stati sono sottoposti a
pressioni convergenti che sono :

-Sovra-nazionali, (global)
-Trans-nazionali, (International)
-Intra-nazionali ,(local)

Per questo motivo, (la capacità di agire e modificare come
potere/contropotere a livello locale), consideriamo che la
definizione comunemente accettata sia limitativa in quanto
non considera il fattore locale.

Nel XXI gli esempi che lo confermano abbondano :

-la situazione di de facto Sate Within States , (stati
  negli stati),(si pensi alla divisioni in 9 "nazioni" degli
  USA dagli inizi degli anni ´80 o a realtà come la
  Catalogna),o di Towns Withins States, (città-
  conglomerati metropolitani all´interno degli stati),
  come ha chiaramente definito l´OCSE,(2006),
  all´interno delle nazioni non collassate
-ma anche quella all´interno di failed states,(nazioni
  collassate), come la Somalia o di mafia
  states,(come l´Ucraina o Myanmar ,United Nations,
  2006, Maim, 2012)
-il potere degli Holistic Powers, (tra cui le religioni), a
  livello locale anche in Occidente, (si pensi
  all´influenza religiosa nella politica negli USA come
  pure in Italia,Baviera od Israele)
-il crescente potere dei Global Media Outlet
-il crescente potere dei social network come pure delle
  dinamiche sociali che si sviluppano nei mondi
  virtuali

Non viviamo in un mondo "a-polare",(Haas 2008), ma in un
mondo che descriviamo come "**GX**",**ovvero dove in
diversi contest tra di essi trasversali dove di**

concentrano i fattori di potenza che guidano i flussi del mondo si hanno diversi "G= group".

Ad esempio :

-E' errato pensare che l´economia e la finanza mondiale siano il dominio del G20 in quanto essi lo sono del **G23** dove i 3 nuovi attori sono :

a) i big players dell´economia reale finanziaria,(FRE), se si pensa che le EU abbia de facto in documenti ufficiali delegato potere regolatore sui mercati alle società di ratings per non parlare delle top banks dove i governi hanno un peso notevole ,(non dimentichiamo che il governo Inglese controlla la Bank of Scotland che e´uno dei top 5 players per la creazione e controllo del mercato dei derivati finanziari), e dei Fondi Sovrani di Investimento in mano agli stati.

b) i big players dell´economia reale industriale, (IRE), come le multinazionali dove,comunque, gli stati sovrani giocano un ruolo chiave se pensiamo ai campioni industriali nazionali , alla struttura del capitalismo in Cina e Russia ed al fatto che almeno il 75% del mercato del petrolio mondiale,(produzione e riserve), sia controllato da aziende in mano agli stati.

c) i big players dell´economia reale criminale ,(CRE), che equivale al 25-28% del GDP del mondo. Si pensi che un´evoluzione del selective targetting contro il commercio della droga ,(Keilman 2012),può essere integrata facilmente con delle soluzioni DDR, (disarmament,demobilization,reintegration, Ong 2012), che possono portare in un momento di crisi di liquidità come questo ad offrire il perdono/reintegro in cambio di denaro,(si vedano idee sorte in Mexico nel 2011 come pure pensate da anni per risolvere la situazione in Somalia usando grazie alla Diaspora un sistema parallelo finanziario come l´Hawala integrandolo -come esperimento -nel sistema bancario del Minnesota od in passato in Italia l´offerta dell´allora ministro delle finanze Italiano Formica agli scafisti della camorra).

-Se invece parliamo del crimine internazionale abbiamo un **G9** che vede come protagonista le seguenti nazioni : Italia, Russia, Giappone, Cina, Israele , Germania, Venezuela,Turchia, Nigeria

-Se si parla di soft power abbiamo un **G5** dove le top nations nel 2012 sono nell´ordine : USA , UK e Francia a pari merito, Germania,Australia

-In merito alla potenza militare intesa come reale capacità di proiezione di potenza in ogni teatro,(cielo,spazio,mare,terra,cyber S3LC), su base mondiale allora si ha un **G3** con USA,UK,Francia

Ed ancora altre tipologie di GX .

Questo ci porta a capire come una distinzione basata solo su 5 tipologie di NSA sia limitativa in quanto non comprende tutti i NSA e non chiarisce le sfumature tra di esse come pure nei loro rapporti con gli State Actors ,(SA, le nazioni post Westphalia), .

Per questo nel corso degli anni ho sviluppato questa classificazione che nel giugno del 2012 ne prevede 28 di cui 1 e´nei cyber world virtuali ,(Politically Structured Cyber Virtual World, PSCVW).

L´ultima e´la **Privatized Functional Oragization,(PFO)**. Un esempio e´la francese Eurotradia. Si tratta di NSA che non sono SINSA ,(= State Influenced NSA), ovvero NSA sotto l´influenza statale come ,ad esempio, i Fondi Sovrani d´Investimento,(SWF),o la rating agency Cinese Quadong o la privatizzata Bank of Scotland ma strutture nate come parte dell´ alta burocrazia nazionale e poi privatizzate con un asset di proprieta´di gradimento.

La seguente tabella ne da´un´elencazione partendo dai seguenti parametri:

-La prima divisione e´tra **ASA** ,(= Additional State Actor), e **ISA** ,(= Integrative State Actor), dove gli ASA possono divenire a loro volta un governo ed uno stato

-La seconda è se geneticamente "Autoritarie",(Authoritarian), e " Non Autoritarie", (Not Authoritarian). Geneticamente ? Ovvero se strutturalmente autoritarie o meno. Questa distinzione va oltre quella che viene usata normalmente tra " violente/non violente". E´importante andare oltre questa distinzione in quanto alcuni dei NSA sono National Liberation Movement,(movimenti di liberazione nazionale), che possono essere costretti ad essere violenti in un dato momento, (si veda quanto in Libia od oggi in Siria), ma non si può dire se saranno autoritari/non autoritari in futuro ,(una volta al governo). Una ulteriore puntualizzazione e´che si e´volutamente optato per "autoritaria/non autoritaria" invece che "democratica/non democratica" perché ogni realtà deciderà la propria forma di governo in base alla propria storia ed alle condizioni correnti e non e´detto che debba necessariamente essere una democrazia di tipo occidentale la forma che un popolo decida essere la migliore per se e quindi non autoritaria per i loro parametri culturali e sociali.

Il tutto èstato posto nel contesto di 4 dimensioni di poteri in cui interagiscono le relazioni nelle 38 aree geopolitiche in cui il pianeta e´suddiviso :

IPP = International Political Power = il potere espresso su base politica internazionale

IEP = International Economic Power = il potere espresso su base economica internazionale e questo all´interno delle 3 dimensioni in cui si suddivide l´economia mondiale : economia industriale reale, (IRE),l´economia finanziaria reale,(FRE), l´economia criminale reale,(CRE)

ISP = International Software Power = il potere espresso come manifestazione del soft power. Un esempio. Un sondaggio nel 2011 tra la nuova borghesia cittadina Cinese ha chiesto dove volessero vivere se avessero potuto sceglierlo con la condizione di mantenere la stessa ricchezza e di godere dello stesso status sociale. Il 75% degli intervistati ha detto : USA.

IHP = International Hard Power= il potere espresso come manifestazione dell´hard power. Con hard power non si intende solo quello militare ma anche altri tipi come, ad esempio, quello finanziario di tipo coercitivo.

(The 28 forms of NSA´s ©1995-2012 Paolo Dealberti)

• **NSA**
• International Organizations ,(IO), like the IMF,WB,UN …   •
• Regional Organizations, (RO), like The AU, the EU, the Arab League, and ASEAN…   •
• Functional Organizations,(FO), like The Shangai Cooperation ,NATO,OPEC,IEA,WHO,WTO …   •
• Privatized Functional Organization,(PFO)
• States Within Nations-States,(SWNS) like Utter Pradesh, Lombardia-Piemonte-Triveneto, Bayern, Cataluña. And among the 9 Nations of North America like Quebec, Ecoptopia…
• States Within Failed States,(SWFS), like Katanga , Cyrenaica …
• Towns Within Nation States, (TWNS), like the metropolitan areas of Sao Paulo, New York,Milano, Paris, London,

Shangai ...
• Towns Within Failed States, (TWFS) like Lubumbashi, Benghazi .... •
• Multinationals ,(MNC), not only these inside the Top 500 Fortune List
• Global Media Outlets ,(GMO), like BBC,CNN, Al Jahzera ... •
• Private Security Forces, (PSF), like Sands International ... •
• Militias Forces ,(MF), like Hezbollah ...
• Organized Crime, (OC),like the Italian, Russian, Chinese, Israeli mafias and more ... •
• Benign Organizations,(BO),like Medecins Sans Frontiers, The Bill & Melinda Gates Foundation, Greenpeace, WWF...

- Private Controller ,(PC),like The International Chamber of Commerce, Amnesty International, Transparency International, Standard & Poor's ...   -
- Non Governative Organizations ,(NGO), that we cannot describe as BO ,PC,RM,HM and they are the majority of the NGO´s   -
- National Industrial Champion,(NIC), like Gazprom, China National Petroleum Corporation, National Iranian Oil Company, Petroleos de Venezuela, FIAT, Boeing ,Dessault ,BAI,SGB, Siemens, Saudi Aramco ,Santander ... (not only the owned by a State) ...   -
- Religious Movements ,(RM),like the Wahabbi, the American Evangelism , New Age , new born Religion , the Vatican acting as a NSA ...
- National Liberation Movements ,(NLM)
- National International

Economic Powerhouse, (NIEP), like the SWF •
• Holistic Movements ,(HM),like the Opus Dei, the Sufi …
• Influential Advising Company, (IAC), like the Brookings, the Monitor Group…
• Private International Financial Powerhouse,(PIFP), like the Hedge Funds
• Influential Advising Entities,(IAE), for example McKinsey,Accenture…
•
• The **Super NSA ,(SNSA),** or de facto a quasi-SA and a SA •
• Private Government Powerhouse ,(PGP), at the moment ,(June 2012),we have only 1 in the world
• Private State Powerhouse ,(PSP), in 36 months

3-Cose nel mondo...

Frau Merkel : arroganza e populismo non pagano

Pubblicato : September 19, 2011

(Nota editoriale :

A metà 2012 le previsioni sulla congiuntura tedesca hanno confermato quanto scritto in merito al fatto cha Berlino non possa fare a meno della EU.

La prestigiosissima rivista Foreign Affairs edita dal Council of Foreign Relations ha pubblicato nell´Ottobre 2012 un articolo del Professor Adam Tooze,(Co-director of International Security alla Yale University),che conferma nella sostanza quanto qui scritto un anno prima. L´articolo e´" Germany unsustainable growth" – FA Vol. 91/N.5 Sept-Oct 2012)

La deriva populista della Cancelliera Merkel iniziò il 15 ottobre 2010 quando di fronte al congresso dei giovani della CDU disse che il problema che blocca la Germania erano gli stranieri. Vi fu una standing ovation di non meno di 10 minuti. La frase ,molto imbarazzante se udita all´estero, poi non venne ripetuta nei servizi televisivi, ovvero fu trasmessa una volta sola. Si può capire l´imbarazzo se sentita all´estero dato che l´ultima volta che un cancelliere tedesco accusò un gruppo etnico-sociale di essere la causa dei mali Tedeschi si trattò di Hitler che accusava gli Ebrei.

Nel 2010 un sondaggio evidenziò che il 28% dei Tedeschi chiedeva soluzioni da destra estrema contro gli stranieri. Erano i mesi delle 20 edizioni in poche settimane del populistico e ridicolo libro dell´ex-portavoce della

Bundesbank Sarazin. Populistico in quanto cavalcava questo sentimento. Ridicolo perché le statistiche usate dall'autore a dimostrare le sue tesi "semplicemente " le contraddicevano. Ad esempio, in un capitolo di circa 40 pagine sul perché la presenza di stranieri nelle scuole riducesse le performance degli studenti tedeschi mostra una statistica a supporto. Peccato che poi quella stessa statistica dicesse che:

a) Le classi con più alta presenza di stranieri hanno delle performance superiori di quelle con minore presenza .

b) Presi singolarmente i gruppi di studenti stranieri hanno performance medie superiori dei tedeschi.

Il triste e'che milioni di lettori ,politici come il Presidente della Baviera Seehofer e legioni di commentatori non abbiamo saputo leggere queste statistiche che contraddicevano Sarazin.Stendiamo un velo pietoso sul fatto che quando l'autore ebbe la responsabilità delle finanze di Berlino il deficit cittadino esplose a livelli che in Grecia od in Italia i più perversi fautori del consociativismo in termini di spesa si sognano e lo stendiamo altrimenti diviene ancora più "triste" capire il successo di questo autore come opinionista.

Secondo Partick Gensing ,(il cui blog investigativo, www.npd-blog,info, ha vinto il Grimme Online Award), il partito di estrema destra NPD ,che siede in più di 200 città, promulga come nuova soluzione finale la deportazione dei circa 15 milioni di stranieri. Viene da chiedersi quando le autorità si decideranno sia a chiuderne il sito che a rendere il partito fuorilegge. Dobbiamo aspettare la parola "lager" al posto di " deportierung" ,(= deportazione), ?

Nel 2011 in molte università Tedesche nei corsi di IT , applicazioni Internet veniva detto che nel caso di opzioni cloud computing non ci si doveva fidare di società leader mondiali angloamericane, (tralasciamo che alcuni di questi docenti possano anche credere alla mitologia che queste società siano in mano al complotto globalizzante giudaico-massonico-plutocratico come pure alla leggenda metropolitana dei cultori delle teorie dei complotti universali che dice che-dopo una serie di complicate manovre degne di un iniziato ai massimi livelli in un romanzo di Don Brown – nel software excel si apra una schermata in cui compare il diavolo con il viso di B. Gates …).

In questo contesto la Cancelliera e gli strateghi della CDU hanno pensato di cavalcare il populismo in ottica elettorale .

Ma non bastava dire che gli unici che lavorano in Germania erano i Tedeschi e bisognava anche dire che gli unici che producono in Europa sono … i Tedeschi. Gli stranieri in Germania e gli Europei in EU possono avere il tenore di vita che hanno solo grazie ai laboriosi Tedeschi che lavorano e producono per tutti.

E così e´iniziato il populismo sull´euro ed il debito Greco che poi e´divenuto arroganza in Europa minacciando a destra ed a manca di andarsene se non si seguivano i diktat di Berlino e dando credito ad una teoria del XIX secondo cui se Berlino si allea con Mosca e domina la Siberia diventa padrona del mondo. L´alleanza Berlino-Mosca rende inutile la EU e rende le due nazioni invulnerabili verso gli USA.

L´arroganza e´una cosa la realtà un´altra.

Per smantellare la vuota retorica di quest´arroganza e populismo usiamo solo ed esclusivamente dati di origine governativa Tedesca .

Iniziamo dal debito Greco ed e´ora che iniziamo a parlare usando dati che sono a disposizione di tutti , solo a volerli usare.

Se si ha un debitore si ha un creditore ed e´colpa del creditore se si e´esposto in maniera incontrollabile con un debitore irresponsabile. Nessuno lo aveva obbligato. In pratica il problema del debito Greco e´innanzitutto un problema del sistema bancario tedesco e francese.

Secondo i risultati del report a seguito dello stress test sulle banche EU,(European Banking Authority, EBA 2011 EU-wide stress aggregate report,august 2011), le banche Francesi e Tedesche si sono pericolosamente super-esposte con Atene al punto da detenerne almeno il 20% del debito. Non lo hanno fatto certo per dare denaro a quelli che qualcuno ha definito come i Greci fannulloni che non lavorano e vogliono anche andare in pensione prima del cittadino Tedesco ma per finanziare investimenti che hanno garantito lucrosi affari al Made in France ed al Made in Germany. Se la "mamma di tutti i debiti" sono gli investimenti per le Olimpiadi e´bene ,allora, andare a vedere, per esempio, chi abbia costruito l´infrastruttura telefonica Greca e con chi si e´indebitata Atene per pagare questi lavori che hanno prodotto occupazione anche nelle fabbrica dei produttori in Francia ed in Germania per non parlare delle super pagate carriere dei menzionati banchieri.

Questo e´quanto accaduto ed il problema Greco non e´un problema Europeo nel senso che l´euro e´a rischio di estinzione ma e´un problema Europeo nel senso che nessuno si possa permettere che una o due importanti banche Francesi e Tedesche entrino in default magari in contemporanea.

Se la Cancelliera Merkel avesse detto questo e si fosse poi sanzionato i manager che hanno in maniera cosi

95

irresponsabile concesso crediti le cose sarebbero andate diversamente e si sarebbe dato meno fianco alla speculazione.

Ovviamente la critica e´estendibile anche al Presidente Sarkozy ed ai suoi calcoli politici per le presidenziali 2012.

Ma questo avrebbe tolto argomenti alla retorica che e´divenuta arroganza in merito al ruolo di Berlino in Europa.

Fin da subito era chiaro che Berlino non aveva la forza finanziaria che si vantava di avere avendo dovuto correre a chiedere aiuto al Fondo Monetario Internazionale.

In merito poi al fatto che Berlino sia indispensabile per ogni politica estera almeno tre eventi hanno ridimensionato questa presunzione :

1) Francia ed Inghilterra nel novembre 2010 hanno stretto una patto militare speciale che ridimensiona e non poco ogni ruolo di Berlino,il cui esercito per inciso e´inferiore a quello della Turchia.

2) Sotto la guida della Polonia il V4 ha creato nella primavera 2011 il primo battle group operativo in Europea e lo ha fatto come struttura indipendente sia dalla NATO che dalla EU che come chiaro segnale politico sia verso Mosca che verso Berlino.

3) La guerra in Libia ha dimostrato che sia la EU che la NATO vanno avanti senza il placet di Berlino

Partendo da quest´ultimo dato si rileva che i destini dell´Europa passano da Parigi e non da Berlino.

A Parigi si va per le soluzioni politiche relative alla politica estera,(leggi la guerra in Libia),come pure per quelle economiche, (leggi la crisi del debito Greco).

Per quanto poi concerne la minaccia di lasciare l'Europa la logica del mercato dice ben altro e lo dice con dati di origine Tedesca sull'import/export, (Aubenhandel 2010, 10.03.2011 www.destatis.de).

Leggendo le statistiche in merito ai mercati per l'export tedesco si vede che:

- Il 1. Mercato al mondo per il Made in Germany e´la Francia

- Gli USA sono il 4. e con una differenza di solo un miliardo di euro l'Italia e´il 5.

- La Cina e´il 7. mercato dopo l'Austria e con solo 9 miliardi di euro di differenza con l´8. che e´il Belgio.

- La Russia e´il 13. mercato dopo la Rep. Ceca,(12), e la Spagna , (11)

- L´indebitata Grecia èun mercato migliore,(33),delle ricchissime Arabia Saudita,(35), ed Hong Kong ,(37)

- il Portogallo èil mercato n. 24 al mondo mentre Hong Kong e´il n. 37. il S. Africa il n. 26 ed i mitici Emirati Arabi con la leggendaria Dubai sono il n. 27

- Nei primi 20 mercati al mondo troviamo 12 paesi EU e non si trova la superpotenza India

- I mercati del descritto nuovo asse del potere mondiale ,ovvero   i   BRICS,   sono

Cina,(7),Russia,(13),Brasile,(19),India ,(21),S. Africa,(26), come elemento di paragone il Belgio e´il mercato n.8

- Le cose assumono una dimensione ancora più EU-centrica quando si analizza quali siano i primi 20 paesi fornitori di prodotti di cui Berlino ha bisogno per il proprio sviluppo. Se la Cina e´il 1. fornitore l´Italia e´il 4. ... Di questi 13 paesi sono EU ed i non EU sono in ordine Cina (1),USA (3),CH (8),Russia (10),Giappone (13),Turchia (17) ,S. Korea (20)

In altre parole questi dati del governo Tedesco ci dicono che quando in una lista di 20 si ha che 12 dei maggiori mercati e 13 dei maggiori fornitori al mondo sono EU e´difficile pensare che Berlino possa fare a meno della EU e che Cina e Russia, BRICS sostituiscano con un mercato eguale se non più grande. Viene da chiedersi quali dati abbia letto la Cancelliera.

Se a questi dati si unisce che èdato come accettato che se la Germania uscisse dall´euro il neo-marco sarebbe rivalutato di non meno del 30% vediamo quanto il chiedersi se Berlino abbia veramente o meno bisogno della EU sia solo vuota arroganza diplomatica ad uso e consumo del populismo elettorale interno.

Infine secondo il Bundeministerium der Finanzen,(aprile 2010) :

- Il livello deficit/surplus e´80.8% per l´Italia ,79.4% per la Germania,32.3% per la Grecia

- Il livello deficit/surplus in rapporto al PIL e´5.3% Italia, 3.3% Germania, 13.6% Grecia

Sfortunatamente il non aver impostato un serio set di soluzioni politiche partendo da questi dati reali,(e come detto anche il Presidente Sarkozy ha la sua responsabilità in quanto concentrato per le presidenziali 2012),ha ottenuto di rinforzare il populismo ,(anche xenofobo),e la speculazione.

Aver usato questi dati come sono avrebbe tolto alla speculazione ogni possibile spazio di manovra consentendo di preservare le ricchezze di milioni di risparmiatori,(e scusate se questo può sembrare populismo).

Fatto e´che arroganza e populismo sembrano non pagare elettoralmente. Cancelliera Merkel ora che ha perso le sue elezioni cordialmente la preghiamo di pensare ai risparmi di milioni di Tedeschi come pure a quelli di milioni di Europei che poi comprano anche il Made in Germany e cosi si evitano disoccupati in Germania e per farlo di riflettere sui dati che seri e qualificati professionisti Tedeschi elaborano per il suo governo... Danke !

Toulouse ? Troppo semplicistico dire Al Qaeda & Co

Pubblicato : March 23, 2012

(Nota editoriale : nel Maggio 2012 la prestigiosissima Foreign Policy ha pubblicato il risultato di un survey con 76 dei massimi esponenti mondiali di strategia e geopolitica. Alla domanda su quale fosse il maggiore pericolo per gli USA nel 2012 il fondamentalismo cristiano e´risultato al 3. Posto)

Vi sono almeno due chiavi di lettura per Toulouse.

La prima e´di natura militare ed e´la più semplice nella sua complicatezza e la seconda e´sociale e non e´semplice nella sua complessità.

Iniziamo con la prima che richiede una premessa per avere un senso e la premessa e´che quanto avvenuto faccia parte di una strategia di Al Qaeda,(nota: da ora AQ), che colpirà nel futuro.

In quest´ottica e´importante partire dalla simbologia dei bersagli.

I parà erano Mussulmani,ovvero appartenevano a quella elite nella elite delle forze militari Francesi che e´Mussulmana ed in quanto tale può operare in un paese Islamico senza incorrere nel divieto Coranico. Una struttura militare che in occidente solo Francia, Regno Unito, USA,Israele e Russia hanno.

I civili uccisi erano Ebrei ed oltre il simbolismo della loro morte per i fondamentalisti Mussulmani come pure per quelli Cristiano-fondamentalisti a matrice nazi-fascista ve ne e´un altro . Per questi animali il senso e´quello del loro jihad contro gli Ebrei per il solo fatto di essere Giudei. Il secondo simbolismo e´invece interiore ed appartiene a quell´esperimento di democrazia laica in profonda crisi che e´Israele. La sepoltura non e´avvenuta in Francia ma in Jerusalem ,ovvero in un paese come Israele sul baratro di una guerra civile tra la parte laica e la parte accecata dal fondamentalismo religioso-sionista e questo e´un simbolo profondo anche se, purtroppo,passa inosservato.

La novità militare di questi due attacchi terroristici risiede nel fatto che non si e´trattato di un attacco suicida. Si e´trattato di due attacchi contro soft target, (i parà non erano in una caserma od in servizio , ovvero combat ready),eseguiti uccidendo con una modalità diversa. Un conto e´uccidere facendosi saltare in aria senza sapere chi si colpisce un altro e´quello di uccidere guardando negli occhi la vittima. Richiede un diverso tipo di addestramento e di determinazione.

Siamo di fronte al primo attentato di un affiliato al franchising di AQ in territorio metropolitano occidentale che non comporta l´uso di bombe e/o di suicidi. In altri termini siamo di fronte ad attacchi sul tipo delle Brigate Rosse o della RAF: un terrorista uccide sapendo che non deve morire per farlo.

Se il movente e´il fondamentalismo religioso la similitudine e´con l´attacco del fondamentalista cristiano,pseudo neo cavaliere templare,neonazi che ha fatto il massacro di giovani l´estate scorsa.

Ma,come, detto pensiamo che questa chiave di lettura sia troppo semplicistica e prima di introdurre la seconda continuiamo con l´analisi di tipo militare.

La persona in questione aveva contatti con la locale criminalità e trovare una pistola non era un problema per lui ... come non lo e´in ogni area metropolitana occidentale,(e non solo). Altro non gli e´servito dato che si trattava di soft target indifesi. Questa condizione ha due implicazioni :

a) qualsiasi persona che vuole emulare questo gesto può trovare le armi senza problemi. Un´altra similitudine con il terrorista che ha colpito in Norvegia

b) chiunque può inventarsi di appartenere ad una cellula legata ad un gruppo eversivo in quanto questa cosiddetta "cellula" e´formata solo ed esclusivamemente da questa persona che si arma ed uccide

Questa nuclearizzazione della capacità militare di colpire ed uccidere de facto ovunque ed in ogni momento introduce la seconda chiave di lettura che parla di un nascente nuovo fenomeno di radicalizzazione di massa fatto da singoli,(o piccolissimi gruppi),ed un indice per vedere quanto questo fenomeno sia profondo sarà l´osservare quante pagine/messaggi di supporto nasceranno nei social networks.

Che tipo di radicalizzazione?

Soggetti che possono trovare nel sottobosco della criminalità locale un´arma o farsela comprando gli ingredienti in un supermercato e poi cercando in internet come confezionare una bomba con diserbanti e prodotti chimici per la casa. Una cosa, si ripete, molto più facile di quanto si creda e per cui non si ha bisogno di un passato criminale o in un´unita´ di elite.

Che,una volta, armati attaccano bersagli soft ma simbolici.

E poi possono anche decidere di morire come a Tuolouse gettandosi dalla finestra ... sparando.

Un'agghiacciante similitudine con gli episodi di follia che hanno come protagonisti delle persone armate che entrano in un supermercato o in una scuola ed uccidono per finire poi col suicidarsi o con l'essere uccise dalle unità delle forze di sicurezza perché anziché arrendersi scelgono di sparare ,(di fatto un suicidio).

La sola differenza e'il movente. Un movente apparente viene voglia di dire dato che ,in realtà,siamo di fronte ad una nuova forma per dare voce ad una violenza radicata nel profondo di società in cui una generazione che definiamo come LOST GENERATION,(I),non vede alcun futuro nel vedersi guidata da un lato da una classe politica incompetente e dall'altro da una economica senza freni al proprio egoismo.

In Germania, la tanto retoricamente decantata patria del modello di capitalismo sociale renano, negli ultimi 10 anni il top management si e'aumentato gli stipendi del 100% mentre per fare tenere il passo dell'inflazione a quello degli altri ogni volta sembrava e sembra che questo sia impossibile in nome della competitività.

Una frustrazione profonda che fa si che in qualcuno a un certo punto scatti una molla nell'animo e, questo qualcuno, a questo punto, inizia a credere in un mondo in cui la sua vita ha un che di eroico,dove combatte per una causa. Dove le sue azioni incidono e le sue parole sono ascoltate, (l'omicida di Toulouse ripeteva di essere fiero nel vedere come aveva messo in ginocchio la Francia).

E quindi esce dalla frustrazione e dal senso d'impotenza di appartenere alla Lost Generation.

Fugge dalla realtà per entrare in un´altra ,od almeno in una che questa persona creda che sia la realtà ed il tutto finisce con una scia di sangue.

A Toulouse un disoccupato decide di farlo in nome di Al Qaeda ed uccide parà ed Ebrei la cui sola colpa e´di essere servitori della Francia o Giudei.

In Norvegia uno che non aveva problema economici entra in uno dei tanti ordini " pseudo neo-templari" che si trovano in internet,(ordini che dal Minnesota alla Brianza vantano origini secolari ed eredità templari degne di una storia a fumetti), e pagando qualche centinaio di euro indossa una "uniforme da templare" comprata nello shop online dell´ordine finendo col sentirsi un novello crociato nazista ed in nome di un cristianesimo fondamentalista di matrice nazista uccide dei ragazzi la cui sola colpa era di appartenere ad una forza democratica di sinistra.

Il prossimo o la prossima ?

Dal jahidismo Islamico a quello Cristiano - nazista passando dalle forme violente dell´anarchia o del fondamentalismo Hindu come pure del fondamentalismo Sionista le cause a cui qualcuno possa richiamarsi per legittimarsi sfortunatamente non mancano.

E per queste persone trovare una pistola o andare in un negozio specializzato in un centro commerciale e comprare un mix di diserbanti da trasformare in una bomba non e´un problema. In Internet se si cerca come fare una bomba con quegli ingredienti, si hanno "soltanto" almeno 305.000.000 entries dove imparare e le prime sono dei filmati in Utube.In altri termini non bisogna andare al confine tra Afghanistan e Pakistan in un campo addestramento di AQ per trasformare detersivi e diserbanti in una bomba come quella esplosa nella capitale Norvegese l´estate scorsa … .

Escape to … .

Gia´… escape to …ma dove ?

Escape to … dicevamo e questo "escape" e´molto più comune di quanto non si creda dato che e´quotidiano per milioni di persone. Persone che si ritrovano in un mondo dove etnia e religione non hanno alcun senso e dove le diversità sociali generate dal censo ,il sesso o dall´educazione si dissolvono. Un mondo dove con poche decine di euro si può essere belli ,ricchi e non lavorare.

Un mondo che ´in realtà e´un universo in quanto formato da un insieme di molti mondi che hanno diverse forme e diversi livelli di sofisticazione ma tutte queste diversità ha un comune denominatore che si può sintetizzare con due parole: lealtà virtuale ,(II).

Ed èbene, a questo punto, dare il giusto senso a queste due parole. "Virtuale" in quanto espresso da una diversa forma di fisicità,(quella dei pixel sempre più realisitici ed immersivi con techno-gadet dove possiamo sentire anche l´odore o toccare le cose che vediamo). Ma anche "realtà" nel senso che si tratta non solo di una "2nd life"ma di una alternativa che e´un continuum tra real e virtual definibile come dual.

L´uscire dalla solitudine insieme alla ricerca di un mondo dove si possa avere tutto quello che si e´smesso di sognare come possibile ma che non si e´smesso di desiderare sono le motivazioni più forti e comuni, E questo sogno non e´quello di super car e ville o yacht ma quello di potersi permettere un mutuo per una casa con cui farsi una famiglia se si e´precario o partita IVA a vita ed e´bene puntualizzarlo per capire il senso del tutto!!

Vi sono anche altre motivazioni non meno comuni e forti ma non le trattiamo per non disperderci e lo faremo in un altro momento.

Login = new life dove si e´altro perche i ha una nuova fisicità,(avatar),e ci si circonda di oggetti desiderati. Ma non solo in quanto si ha una diversa personalità che si libera dal lato oscuro di ognuno grazie al fatto di un anonimato totale che si dipana in contesti con leggi e morali diverse. Contesti dove lo stato nel senso di law and order non esiste e tutto e´lasciato alla supervisione del "privato" che e´interessata solo a quanto si compra per il proprio avatar ed in caso di violenza ed abusi rimanda alla locali polizie postali od autorità responsabili di supervisionare internet … ovvero una situazione di immunità totale.

A causa prima del mio interesse per le evoluzioni di contesti sociali che possano essere teatro delle relazioni tra state actors e non state actors e poi anche per scrivere un romanzo ho avuto una lunga esperienza in questi mondi. Una esperienza che ho avuto in diverse lingue,(= contesti culturali), e che mi ha portato a visitarne quasi tutte le dimensioni ,(estreme e non).

Il livello di violenza,(a volte solo latente),mi ha sempre sorpreso e mi sono sempre chiesto cosa creasse questa violenza (latente) in milioni di persone.

Ad oggi la sola risposta che sono stato in grado di darmi e´che appartenessero alla Lost Generation. Che vi appartenessero in qualche modo e questi sono milioni di individui che sono "privilegiati" rispetto ai "lost" del mondo che non hanno un regolare accesso DSL come pure una carta di credito o pre-pagata ,(ed e´sempre bene tenerlo a mente).

Probabilmente scopriremo che l´omicida di Toulouse ha deciso di suicidarsi reagendo e non arrendendosi perché non aveva altra alternativa nel contesto della realtà che si era costruito. Se si fosse arreso sarebbe venuto fuori che non si era di fronte a nessuna sofisticata operazione di AQ e,quindi,sarebbe crollato il suo immaginario. Questa tragica verità era nel profondo del suo animo quando ha deciso di sparare invece che di arrendersi alla polizia preferendo questa forma di suicidio al vedere sfumare la realtà virtuale che si era costruito.

Nelle parole di questo articolo non vi e´alcuna giustificazione, commiserazione o comprensione per quello che ha fatto e neanche un tentativo di ridurne la tragicità dato che questa persona e´solo e semplicemente un assassino ma solo il tentativo di capire una diversa realtà che e´molto più complessa di quella che si può derivare dalla semplice spiegazione terroristica.

Una realtà che si annida come un cancro nel nostro quotidiano.

E se la risposta alla crisi in Spagna e´una legge che in nome dell´efficienza rende legale licenziare qualcuno se sta a casa otto giorni per malattia e questo indipendentemente dalla malattia .

E se la risposta in Italia al precariato a vita e´"aggravare" chi assume in questo modo dell´1.4% ovvero di ben 14 mirabolanti euro ogni 1.000 pagati … .

Beh, se sono queste le risposte di governi più o meno tecnici o tecnocratici con solide maggioranze politiche alle spalle … beh … ne vedremo ancora di queste tragedie.

Nel frattempo inizia lo sciacallaggio su questa tragedia. Da chi ne beneficia per i sondaggi elettorali a gruppi e gruppuscoli terroristici che fino a ieri non rivendicavano nulla ma che ora con un morto che non può smentire rivendicano gli omicidi come una loro strategia per finire con il variegato mondo che beneficia a vario titolo se si ha timore del fondamentalismo di ogni fondamentalismo alla moda del momento.

Note :

(I)

Mit der Nase volle , Indignados , Indignati ,les balles cassées...with broken balls by Paolo Dealberti http://westphaliaxxi.com/2012/03/23/mit-der-nase-volle-indignados-indignati-les-balles-casseeswith-broken-balls-by-paolo-dealberti/

(II) DIFFERENCES IN DESIGN VIDEO GAME DESIGN IN PRE AND POST 9/11 AMERICA by Dr. NJ LaLone ,Ph.D http://westphaliaxxi.com/2012/03/23/differences-in-design-video-game-design-in-pre-and-post-911-america-by-nj-lalone/

On the Study of Social Interactions in Twitter by Prof. S.A.Macskassy , http://westphaliaxxi.com/2012/03/23/on-the-study-of-social-interactions-in-twitter-by-prof-s-a-macskassy/

Non un pazzo ma un pseudo templare nazi

Pubblicato: APRIL 18, 2012

(Nota editoriale: Nel Maggio 2012 la sentenza di un tribunale ha confermato sia da un punto di vista penale che sociologico la sostanza di questo articolo.

Nel Maggio 2012 la prestigiosissima Foreign Policy ha pubblicato il risultato di un survey con 76 dei massimi esponenti mondiali di strategia e geopolitica. Alla domanda su quale fosse il maggiore pericolo per gli USA nel 2012 il fondamentalismo cristiano e´risultato al 3. Posto)

In Norvegia si celebra un processo contro chi ha massacrato delle persone su di un´isola e non useremo il suo nome ma lo chiameremo come si autodefinisce nell´impotenza della sua masturbazione mentale:un templare nazi. Iniziamo con il suo essere templare da operetta del ”*Sacro Ordine dei Templari che Devono Solo Fare un Versamento Bancario da 700 € per Essere Templari* ”. I templari non furono sciolti ma sospesi e questo significa che solo una bolla di un Papa li può riattivare come ordine monastico cavalleresco che fu anche la prima prelatura personale di un Pontefice .Poi esistono i templari da operetta ... pardon da Internet e sono rintracciabili immediatamente non rifugiandosi nell´Internet parallelo e non indicizzato di deep web. Il nazi in questione e´ membro di un ordine templare di Internet, (I). Uno dei tanti ordini con, (a loro dire), tradizioni e origini che si perdono nella storia e che dal Brasile alla Nuova Zelanda,passando da una nota terra culla di cavalieri templari come la Polinesia o da una città culla del templarismo fin dal Medioevo come … Miami Beach,si trovano in internet . La sola prova che il nazi ha dovuto sostenere per entrare in un ordine e´quella del versamento bancario di 700 euro per iscriversi . Li ha poi imparato il saluto "templare da film di serie zeta " e altro che dice compreso che il dio dei nazi gli comunichi ,(forse per sms?),di fare massacri per autodifesa .Per creare questi ordini invece che illuminazioni divine servono circa trenta minuti per compilare una serie di paginette in internet con il costo di massimo duecento euro l´anno per il sito. La maggior parte sono goliardate o semplici macchine per far soldi con le iscrizioni e quindi innocue ma alcuni sono,sfortunatamente,ricettacoli di fondamentalisti cristiani nazisti e quindi pericolosi.

Realtà che in nome del dio dei nazi sono contro :

- Il multiculturalismo

- Chi ha una visione laica

- Chi e´gay o lesbian

- Chi ha un altro Dio e questo si con la "D" maiuscola e indipendentemente

    Da quale esso sia

- Lo straniero e la differenza etnica

- La Democrazia

- Chi porta un handicap o soffra di una malattia genetica non trasmissibile

In poche parole: **jahidisti cristiano-fondamentalisti contro ogni forma di "altro" e „ diverso ".**

I commentatori che dicono che il nazi sia contro Al Qaeda ma ne segue le tecniche operative commettono un errore storico madornale. Il nazi non copia AQ ma nella metodologia,(uso di bombe costruite con fertilizzanti vari),e nei target ha copiato un altro bersaglio: Oklahoma City.

Si, Oklahoma City . Ce lo siamo dimenticato ?

Sembra di sì ed abbiamo eseguito un transfer collettivo dimenticando che il più grande atto di terrore nella storia Americana dopo 9/11 sia stato compiuto da falangisti Americani contro altri Americani. Come in Europa da questo nazi che gioca a fare il templare da operetta in un ordine del costo di 700 euro l´anno.

Ma il nazi ,purtroppo, rappresenta un serio pericolo che prima di tutto e´sociale e poi di natura poliziesca.

Come per Toulose, (II),e´una delle espressioni di una nuclearizzazione della societàche si aggruma intorno a soluzioni fanatiche quanto inutili.

In un momento dove le elite politicamente elette sono sempre più deligittimate dal marcio di scandali quotidiani quanto bi-partisan e dallo scandalo di rimborsi elettorali e privilegi pensionistici senza alcun legame col reale questa e´una delle risposte che esplodono.

Da qui il bisogno,fin dal primo momento,di una sorta di transfer psicologico collettivo per non voler vedere.

Fin dal primo momento si èsolo parlato di un gesto solitario,(Prosumerzen da sempre sostiene altro),per poi passare alla dimensione psicologica.

Il nazi non è pazzo e quanto dicono i suoi avvocati lo confermano. Ma , a noi, fa comodo pensare che lo sia come faceva comodo pensare che fosse solo.

Il nazi da operetta può fingere di essere un glaciale templare da filmetto low budget e giocare il ruolo da macho duro come un bulletto di periferia perche sa che e´tutelato delle leggi dello Stato che rinnega. Sa benissimo che non finirà in una cella di torture come se fosse nella mani di altri cristiani fondamentalisti nazi che ,come lui stesso,non avrebbero problemi a torturare ma in un comodo mini appartamento con tutti i comfort che noi chiameremo cella di massima sicurezza. Sa pure benissimo che se accettassimo l´idea che e´pazzo la sua pena non sarà a vita. Non si intende dire che lo si dovrebbe trattare come in una prigione nazi ma solo che questa e´l´ennesima conferma del fatto che ci si trovi di fronte ad un persona che recita una parte in una scenografia pianificata lucidamente.

Ancora ,non un pazzo ma un jahidista cristiano. Invece di evidenziare questo suo atteggiamento in tribunale in ogni servizio televisivo con il finire che nella mente di qualcuno, (di troppi che condividono queste visioni), possa essere scambiato come eroismo sarebbe invece molto meglio descriverlo per quello che è: ovvero come la recita di un opportunista che con la mano destra rinnega lo Sato che lo giudica ma con la sinistra sa bene che quello stesso Stato gli garantisce TUTELE e DIRITTI che lui ed i suoi accoliti non garantirebbero a nessuno di noi se fossimo giudicati. Non dipingerlo come un eroe negativo ma per il buffone opportunista che e´.

Quindi,a questo punto, la sola ed unica domanda che conta e´:perche´abbiamo bisogno di questo transfer e di credere che abbia fatto tutto da solo e che sia anche pazzo ?

Perché e´la soluzione più semplice dato che ci deresponsabilizza e ci evita di farci domande più profonde ed inquietanti così che possiamo non riconoscere che questo e´un cancro.

Che in Germania, ad esempio, un partito che siede nei consigli di 150 città possa avere sul suo sito come soluzione finale la deportazione di quindici milioni di stranieri e questo non sia un elemento per renderlo illegale. O che a fine 2010 un membro della direzione centrale SPD ed allora, (oggi dimessosi ma non licenziato per le sue affermazioni), portavoce della Bundesbank scriveva un bestseller dove diceva che la Germania non ha bisogno di stranieri. Od anche con la Cancelliera Merkel che il 15-10-2010 riceveva ovazioni da rock star dalla elite dei giovani del suo partito quando diceva che il problema che blocca la Germania sono gli stranieri.

Che in Francia,ad esempio, quando il Presidente Sarkozy decreti l´espulsione di persone non sulla base di crimini commessi,(quindi sulla base della responsabilità personale per essere un criminale),ma su quella etnica di essere Rom.

Che in Italia ,ad esempio, dei duri e puri con Bancomat del partito coi soldi di Roma Ladrona per uso personale, (dalla ristrutturazione del balcone di casa al comprarsi la laurea od al collezionare lingotti e diamanti),inneggino alla non integrazione sociale per poi investire in Africa che ritengono più affidabile non solo dei BOT Italiani ma anche delle industrie della Padania,(eh, verrebbe da dire gran cosa la incoerenza Padana coi soldi Italiani,no?).

E la lista continua se,ad esempio,l´ultimo attentato in America contro un membro del Congresso e´stato fatto a fine 2010 da un fondamentalista cristiano bianco che ha sparato contro una Congressista Democratica avendo trovato il suo nome indicato come target segnato con una croce celtica in un sito gestito da una donna che e´stata candidata alla vice –presidenza USA ed e´uno dei leader di un movimento populista come il Tea Party.

Ovvero ?

In poche parole far finta di non vedere e quindi non volere capire.

Se un Mussulmano uccide dei paracaduti ed altri innocenti di fronte ad una scuola Ebraica a Toulouse la sola conclusione possibile e´che sia parte di una sofisticatissima strategia del Jihad Islamico inserita in un network internazionale. Quindi non può essere ,per teorema, ne´solo e ´ne pazzo.

Ma se in nome del Jihad Cristiano un WASP in America spara contro una Congresswomen ed uccide anche un giudice federale o se un nazi templare da operetta in Europa fa un massacro la sola spiegazione e´sempre e solo che si tratti di un gesto isolato di un pazzo. Ergo,da teorema, in questo caso sempre isolato e pazzo

Perche ´ non vogliamo parlare del "marcio in Danimarca" prima che sia troppo tardi ?

Perché questo marcio e´dentro alle nostre società ,nel suo profondo e parla,urla,uccide deformando quelli che sono tra i più importanti simboli del nostro essere coscienza collettiva . E quando parla lo fa per voce di persone che hanno il colore della nostra pelle.

Non èun pazzo e sarebbe un tragico errore per le nostre società democratiche se volessimo crederlo.

In quel caso avrebbero vinto lui e quelli come lui ed il cancro continuerebbe ad evolvere verso una metastasi con effetti sociali deflagranti in una crisi che una elite politica eletta impegnata dovunque a rincorrere il finanziamento in ogni sua, (lecita od illecita),forma ed a delegare la propria capacità di pensare e progettare una società a più di 7.000 think tank in giro per il mondo non può gestire come dovrebbe essere .

Chi sono i jahidisti bianchi nelle nostre società e perché?

Iniziamo a risponderci e così facendo cominciamo anche da lì a ricostruire quanto stiamo perdendo.

Note :

I)   http://prosumerzen.net/2011/07/29/norway-lessons-from-a-successful-lone-wolf-attacker-by-scott-stewart/

II)   http://prosumerzen.net/2012/03/23/toulouse-troppo-semplicistico-dire-al-quaeda-co/

Nota editoriale : nell´Aprile 2012 la prestigiosissima Foreign Policy ha pubblicato il risultato di un survey con 76 dei massimi esponenti mondiali di strategia e geopolitica. Alla domanda su quale fosse il maggiore pericolo per gli USA nel 2012 il fondamentalismo cristiano e´risultato al 3. posto

Mappe Mentali : Europa...Turchia... ed altro

Pubblicato : June 18, 2011 by prosumerzen

Il video " Mappe Mentali : Europa e..." in Prosumerzen Open TV a questo link :

http://www.livestream.com/prosumerzenopentv/video? clipId=flv_6fa2eca2-6df6-4598-9c3e-4c8c4cec713e&utm_source=lslibrary&utm_medium=ui -thumb

Note :

prima introduzione alle 9 Nazioni del Nord America : http://prosumerzen.net/2011/06/16/obama-15-06-2011-and-the-9-nations-of-the-usa-111/

il riarmo del Centro Europa :

http://prosumerzen.net/2011/05/17/v4-%e2%80%a6an-indipendent-army-for-europe-at-least-for-a-part-of-it%e2%80%a6/

http://prosumerzen.net/2011/05/25/if-the-us-army-leaves%e2%80%a6/

EU..Germania, UK,Francia...chi ha bisogno di chi :

http://prosumerzen.net/2011/05/23/germanyfrancethe-uk-and-the-eu%e2%80%a6who-needs-whom/

http://prosumerzen.net/2011/05/20/germany-and-the-eu-who-needs-the-other/

Il Fondo Sovrano Libico nel contesto NSA´s /SA´s come modello per un (nuovo) ordine internazionale (video/italiano)

Pubblicato : June 10, 2011

In
http://www.livestream.com/prosumerzenopentv/folder?
dirId=34a6292e-25d7-419d-ad25-c8238eab9fdf

Come una decisa azione politica nel contesto dell ´International Forum Sovereign Wealth Funds puo´generare un modello per il (nuovo) ordine internazionale

Note

I tags sono relativi sia al video che agli articoli nelle note.

(I)per avere uan lista delle esistenti NSA´s <a href=" http://prosumerzen.net/2011/05/05/nsa-is-it-correct-the-description-of-the-21-kinds-of-nsa%c2%b4s-2/" target="_blank"> http://prosumerzen.net/2011/05/05/nsa-is-it-correct-the-description-of-the-21-kinds-of-nsa%c2%b4s-2/

(altro a riguardo degli NSA <a href=" http://prosumerzen.net/category/tarsga-%c2%a9-the-sustainable-risk-management/no-state-actors-nsa/ " target="_blank"> http://prosumerzen.net/category/tarsga-%c2%a9-the-sustainable-risk-management/no-state-actors-nsa/)

(II) The Bejing Comunique´(integral version) <a href="http://prosumerzen.net/2011/05/13/official-comunicate-of-the-international-forum-of-swf-beijing-comunique%c2%b411-12511/"

117

target="_blank">http://prosumerzen.net/2011/05/13/official-comunicate-of-the-international-forum-of-swf-beijing-comunique%c2%b411-12511/

(III) The Santiago Principles (integral version) <http://prosumerzen.net/2011/05/13/swf-and-the-santiago-principles/" target="_blank">a href="http://prosumerzen.net/2011/05/13/swf-and-the-santiago-principles/" target="_blank">http://prosumerzen.net/2011/05/13/swf-and-the-santiago-principles/

C´era una volta in Afghanistan …

Pubblicato : May 3, 2011

> *(Nota editoriale : nel Maggio 2012 la prestigiosissima Foreign Policy ha pubblicato il risultato di un survey con 76 dei massimi esponenti mondiali di strategia e geopolitica. Alla domanda su quale fosse il maggiore pericolo per gli USA nel 2012 il fondamentalismo cristiano e´risultato al 3. Posto)*

Una volta in Afghanistan c´era un pupazzo della CIA chiamato Osama Bin Laden.

Ad un certo punto le sue ambizioni ed interessi lo lo hanno fatto rivoltare contro i suoi alleati.

Da quel giorno non fu più parte della soluzione ma divenne parte del problema.

Non fu la prima e non sarà l´ultima volta . Possiamo scrivere una lunga lista di "amici" o "pupazzi":Franco, Pinochet,Ben Ali, Mobuto Sese Seko , Saddam Hussein,Gadhafi …

OBL accettò di essere un pupazzo della CIA fino a quando questo servì alle sue ambizioni ed interessi … dopo dichiarò guerra all´occidente ed agli USA. Usiamo il termine ambizione perché si parla di una persona che si faceva chiamare Sceicco ma nessuno sembra sapere quando ,dove e chi gli conferì questo titolo.

Un esempio,tra gli altri, a riguardo di OBL e del suo rapporto con gli USA.

Negli anni '80 la vita del primogenito fu messa a rischio da una malattia. L´auto-proclamato "pio e fervente" OBL invece di correre a pregare in una Moschea prese un areo privato per andare in una costosa clinica privata USA. Si vede che in quel momento gli USA non erano per OBL "la terra di Satana" e meno che mai la tecnologia occidentale " uno strumento del demonio".

Nelle mie parole non vi èsarcasmo ma tristezza. Tristezza per le sue vittime che possiamo definire di tre tipi:

a) Le persone uccise dalle sue azioni

b) Le persone morte per lui seguendo un cattivo maestro,(sicuramente non erano a conoscenza del fatto che OBL corse nella "terra di Satana" invece che a pregare quando la vita del figlio era a rischio)

c) Le persone la cui vita èstata cambiata, rovinata dalle conseguenze dirette ed indirette di 9/11. Si può dire che 9/11 deteriorò la crisi economica del 2001 ed alla fine fu la concausa,(con le folli politiche fiscali di Bush Jr.) ,del deficit USA ed il tutto con un costo mondiale di non meno di 10 trilioni di dollari. Quante persone,famiglie si sono viste rovinare la vita da queste conseguenze? **Anche loro sono da aggiungersi alla contabilità globale delle perdite di 9/11.**

Per cosa ?

Per nulla.

Si,per nulla dato che il mondo Mussulmano sta cambiando e nel farlo uccide il fondamentalismo. Al Qaeda e´uccisa dalla rivolta di milioni di Arabi e Nord Africani che hanno deposto Ben Ali, Mubarak e che stanno cercando di cambiare regime in Siria,Iran,Libia,Yemen,Bahrein ...

Loro e non la CIA od il Mossad hanno ucciso Al Qaeda. Il "killer" dei fanatici e del fondamentalismo ha un nome : la Jasemine Revolution

Dove erano le tanto decantate forze di AQ nel Sahel quando vi furono le rivolte in Tunisia ed in Egitto ? E dove sono ora in Libia?

Assent i... volatilizzate. Lo abbiamo scritto tante volte in Prosumerzen e prima di altri ed ora quanto in Siria lo conferma.

Tanto per essere chiari. Pur essendo vicini alle vittime non si può considerare l'attentato di qualche giorno fa in Marocco come la prova che " il network di AQ sia 'in grado di rovesciare l'ordine mondiale ed instaurare il Califfato universale"...

Da un punto di vista geo-politico si deve considerare questo evento con indifferenza e questo per,almeno, tre ordini di motivi :

I) La Jasemine Revolution ha ucciso il potere politico del fondamentalismo

II) Come ogni organizzazione terroristica che si rispetti la leadership di AQ aveva già messo in conto che OBL potesse essere ucciso e quindi la successione era prevista. In questo caso e' Ayman Al-Zawahri. Ovvero il braccio destro di OBL e la mente dietro gli ultimi anni di azioni terroristiche. Quindi nulla cambia

III) Il terrorismo ha anche nuove facce e affrontiamo nuovi nemici Alcuni esempi:

A) Per favore non dimentichiamoci di Oklahoma City e del fatto che il più importante atto di terrorismo a fine 2010 èstato compiuto da un Americano WASP contro una rappresentante donna, ebrea,del Partito Democratico eletta nel Congresso USA ,(I)

B) Se si guarda nella lista FBI dei terroristi più ricercati troviamo che il solo non Arabo e´un Americano WASP

C) Il Mexico con le sue tombe di massa è de facto prossimo ad una guerra civile per la guerra delle droga

D) I NSA non democratiche

E) E tutte le possibili soluzioni sbagliate che sono state aiutate in passato e che ora potrebbero decidere di cambiare alleati e divenire i problemi del domani

Ankara,Pretoria & i BRICS (italiano)

Pubblicato : April 15, 2011

In questi giorni in Cina i BRICS "istituzionalizzano" il loro potere.

Il G20 ha fatto il suo tempo ed è naturale. Nessuno poteva aspettarsi altro e non vi è ragione di considerare quest'evento una tragedia. Il G20 ha avuto un solo scopo: evitare che una grave crisi finanziaria degenerasse in una grande depressione economica. Conseguito questo scopo, il suo ruolo èterminato.

Il mondo continua a dibattersi per cercare nuove istituzioni e/o un nuovo ordine per le vecchie,(post Bretton Woods).

Nonostante tutti i trionfalismi i BRICS non sono questo .

Gli auguriamo di avere miglior fortuna del Movimento dei Non Allineati ma li consideriamo non più di una coalizione di interessi a breve/medio termine.

Due di essi,(Cina e Russia),sono da lungo tempo partners nel Gruppo di Shangai in Asia Centrale. Descrivere i rapporti di Beijing e Mosca in quella regione come amichevoli,costruttivi e cooperanti e´,come dire, un po´troppo ottimistico.

Il nome in sé ,BRICS invece di BRICST,spiega quanto tutto sia piùfragile di quanto non si voglia accreditare.

BRICS significa Brasile,Russia,India,Cina ed S..come S. Africa invece di T come Turchia.

Questo´stato un errore geo-politico. La migliore soluzione era BRICST ma includere solo il S. Africa significa chiaramente due cose:

a) Che al momento il ruolo di leadership e´chiaramente nelle mani di Beijing che con Pretoria "on board" può meglio tutelare i propri ed esclusivi interessi in Africa.

b) Ankara e´troppo grande per essere "assorbita",(I)

In merito al "peso"del BRICS alcuni semplici dati :

- Da un punto di vista militare non sono in grado ne' attuare proiezione di potenza e nemmeno di garantire la sicurezza delle vie di transito sia dell´import energetico che dell´export di prodotti. La Cina èin questo totalmente dipendente dalla "benevolenza" di Washington non avendo una marina d´altura.

- Economicamente collettivamente sono l´8% del GDP world ed il 15% del trade ... dietro gli USA

- Per quanto riguarda le tecnologie di punta **il mondo ha un deficit commerciale verso gli USA di circa 136 miliardi di dollari** e nessuno dei cinque e´world leader

- In merito al softpower sebbene il cosiddetto "Washington consensus" stia soffrendo molto in termini di appeal e´difficile considerare che i BRICS siano un´alternativa. Una dato su tutti : 18 mesi fa un sondaggio Galup fatto presso la medio-alta/alta borghesia Cinese ha chiesto cosa desiderassero fare se potevano scegliere tra il restare in Cina od andare negli USA. Il 75% ha detto che emigrava. Stiamo parlando non solo dei privilegiati ma anche di chi rappresenta il futuro del paese e se il 75 % di loro non vuole restare in Cina ..vorrà dire qualcosa, no?

- la situazione non migliora se il BRICS diviene BICSG con G = Germania,(vedere il voto sulla risoluzione UN 1973). La Germania non può sopperire a nessun deficit dei 5. Non ha la forza militare per garantire la protezione delle vie di comunicazioni. Pur avendo una "1st class industry" e´essa stessa cronicamente in deficit verso gli USA quando si parla di high-tech

- In Iran,Afghanistan ed Asia Centrale India e Cina hanno interessi che se non divergenti e´molto difficile definire come convergenti

- Infine combattono duramente uno contro l´altro per esportare e tutti insieme contro la Cina

E´bene considerarli per quello che sono evitando di cadere nelle trappola di dare loro troppo credito basato su aspettative che e´tutto da vedere che si realizzino.

In altri termini e´meglio evitare di sopravalutarli.

Negli anni ´80 ogni settimana leggevamo erudite analisi che ci dicevano con certezza matematica che nel 2000 il Giappone sarebbe diventata la nazione leader del mondo … dagli anni ´90 assistiamo ad uno scenario molto differente.

Possiamo ragionevolmente supporre che questo possa accadere anche a nazioni, (Russia, India, Sud Africa …) che sono enormemente meno strutturate e solide del Giappone al suo apogeo negli anni ´80 ?

Nel lungo termine e´probabile che la nazione più forte risulti essere il Brasile,(II),(che per inciso ha il sistema di welfare e pensionistico meglio strutturato dei 5 per affrontare il futuro).

Ma nel breve e medio termine l'evento con le aggiorni conseguenze geo-politiche e l'esclusione di Ankara

Come scritto Ankara e'un partner affidabile ma e'anche un partner con un high skill che e'profondamente conscio dei propri interessi e di come tutelarli.

Vedendo quando accade in Cina cogliamo la piena valenza strategica della scelta di Ankara di appoggiare la risoluzione UN 1973 mediante aiuto umanitario in Libia,(Bengasi),ed essere un membro attivo ed affidabile della NATO.

Ankara ha fatto la propria scelta ,(III), almeno per il momento

Note :

(I)   <a href="http://prosumerzen.wordpress.com/2011/03/23/turke y-a-skilled-broker-12/">http://prosumerzen.wordpress.com/2011/03/23/turkey -a-skilled-broker-12/</a>

(II)   <a href="http://prosumerzen.wordpress.com/2011/03/31/bio-fuel-can-kill-opiumcocainemarijuana/">http://prosumerzen.wordpress.c om/2011/03/31/bio-fuel-can-kill-opiumcocainemarijuana/</a>

(III):   <a href="http://prosumerzen.wordpress.com/2011/03/24/turke y-a-skille-borker-22/">http://prosumerzen.wordpress.com/2011/03/24/turkey -a-skille-borker-22/</a>

La crisi Cinese e il deficit USA

Pubblicato : April 12, 2011

L'amministrazione Obama espande l'uso del Free Trade Agreement,(FTA, (I).

In un mondo dove si prevede che nei prossimi cinque anni l'economia USA garantirà il 13% della crescita mondiale, (in ogni caso il valore singolo più altro), mentre il resto del mondo, l'87% è una scelta saggia.

Vi è una falsa "mitologia" a riguardo degli FTA come se fossero la causa principale del deficit USA ma i dati doganali 2008-2009 dicono l'opposto (II):

1- gli USA hanno un surplus di cinquanta miliardi di dollari con i diciassette Paesi con cui hanno una FTA

2- e per tutto il 2010 l'export verso quelle nazioni è aumentato,(mancano ancora i dati definitivi da pubblicare).

3- i veri motori del deficit sono i paesi con cui gli USA non hanno FTA. Ad exp. i 227 miliardi di import dalla Cina e i 205 miliardi di import energetico

Quando si sente parlare di un deficit dell' import di 345 miliardi,(2009),troppo spesso ci si dimentica di fare una analisi qualitativa e scoprire che :

I. il surplus nel commercio mondiale di servizi è di 136 miliardi USD

II. il surplus globale nel commercio agricolo e'di 27 miliardi USD

E,per essere chiari,quando si parla di "servizi" semplicemente si parla dei prodotti di punta in ambito tecnologico.

Una conferma dall'insuperata supremazia USA in questo campo **perché tutto il mondo ha un deficit di import di 136 miliardi di dollari verso Washington per quanto riguarda le tecnologie di punta**.

Inoltre se è vero che 1 /3 dei lavoratori USA e 1 /3 della superficie agricola sono mantenuti dall´export è anche vero che l´import ha i suoi benefici.

Come l import aiuta l´economia Americana?

a) fornendo semilavorati e componenti ad un costo basso e quindi rendendo competitivo l´export di prodotti assemblati a più alto valore aggiunto

b) contribuendo a milioni di posti di lavoro USA nella ricerca,logistica,marketing,distribuzione

c) incrementando il potere di acquisto delle famiglie USA di 2.000 USD in media,(questo per il minor costo dei prodotti). Se consideriamo che negli USA,(2009),si hanno 117.181.000 famiglie questo comporta una risparmio pari a 234.362.000.000 USD/anno .Denaro che gli Americani possono spendere per altro. **Se Washington riuscisse a canalizzare questo denaro in risparmio e/o in fondi pensione si ha la copertura del 25% del re-finanziamento del debito nei prossimi 10 anni e questo senza aumentare di 1 cent le tasse o senza ridurre di 1 cent le spese sociali e per infrastrutture.**

Teniamo a mente questi dati per meglio valutare qualcosa che arriva dalla Cina.

Tra il 2015 e il 2018 il GDP procapite Cinese sarà di 17.000 USD,(PPP$ 2005).

A quel punto l'evidenza storica delle statistiche internazionali dal 1957 dice che il GDP Cinese inizierà a calare ,in media, del 2% anno. Questo secondo un interessante e dettagliato report uscito il 5-4-11, (III).

Accadrà ,quindi, che lo sviluppo Cinese in 2-4 anni dopo questa data NON sarà in grado di mantenere il consenso sociale.

In termini pratici il GDP in 3 anni da quella data ,(tra il 2015 ed il 2018), da un valore medio del 9-10%/anno si contrarrà ad un 4-5%/anno. A quel punto l'economia non sarà più in grado di offrire un numero sufficiente di posti di lavoro per soddisfare i 400.000.000 di contadini,(VI), ed esploderà il dissenso sociale con una violenza incredibile in un paese che già nel 2009 ha avuto più di 100.000 proteste.

Cina 2018-2021?

Una contrazione dello sviluppo unita ad un trend demografico che porrà in crisi lo status quo del Partito Comunista e genererà una qualche forma di esplosione ...

USA 2018-2021?

Persi nel deficit ... non crediamo proprio

Brasile 2018-2021?

Il più potente dei BRIC's ... sicuramente il 2. piu'potente

Ed il mondo ?

Un mondo senza il coinvolgimento USA che non e´interessato a trovare le risorse per imporre la NO-fly/drive zone in Libia. Il tutto in coerenza con de-engagement iniziato da Washington con lo Strategic Pivot del 2009 ,(VI)

Cercheremo di dare una risposta nelle parti seguenti di questo articolo... *(Nota Editoriale:il seguito e´in una serie di articoli scritti in inglese che comparirà nel volume "State Actors Vs. Not State Actors")*

Note

(I) South Korea, Panama, Colombia

(II) E. Gerwin, J. Cowan: Misconceptions About Trade Agreements, Wall Street Journal 6-4-11

(III) Barry Eichengreen, Donghyun Park, Kwanho Shin : When Fast Growing Economies Slow Down: International Evidence and Implications for China, The National Bureau of Economic Research 5-4-11

(IV) E tra di loro i circa 100.000.000 di adulti maschi che non potranno sposarsi dato il rapporto demografico uomo/donna che ,ad oggi, vede 100 donne per 108 uomini ...

(V) Per esempio dei 400 Pershing lanciati contro le installazioni militari di Gadhafi solo 7 non erano Americani ed tutto per un costo per Washington di più di 400 mlioni USD... Per essere chiari nessun paese al mondo ,(dalla Cina al Regno Unito o la Francia), può permettersi di spendere questa somma per un´operazione militare non strategica ai fini del proprio interesse nazionale a supporto di una risoluzione come la UN 1973 . L´implicito significato geo-strategico e´chiaro ...